kosmos

Joachim Mayer

Großvaters Wetter- und Bauernregeln

Joachim Mayer

Großvaters Wetter- und Bauernregeln

Kosmos

Großvaters Wetter- und Bauernregeln

Inhaltsverzeichnis

Vorwort

Wer aus der Stadt aufs Land zieht, amüsiert sich gern über eine Eigenart der älteren Dorfbewohner: Bei den meisten Unterhaltungen geht's zunächst mal ums Wetter. Das mag oft ein dankbarer Gesprächseinstieg sein, und das Gärtnern als verbreitetes ländliches Hobby hat sowieso viele Wetterplaudereien zur Folge. Doch dahinter steckt auch ein gutes Stück bäuerliche Tradition, geboren aus einer Überlebensnotwendigkeit. Wo das Wetter früher ganz unmittelbar über Ernten oder Mißernten, über Sattwerden oder blanke Not entschied, war es zwangsläufig Thema Nummer eins.

Das Bangen um die Ernte schärft notwendigerweise alle Wettersinne.

Landwirtschaft und Gartenbau hängen nach wie vor entscheidend vom Wetter ab. Moderne Errungenschaften helfen jedoch, den Unbilden der Witterung zu begegnen, von Folienanbau über Hagelversicherungen bis zu tagesaktuellen meteorologischen Beratungs- und Warndiensten. Von solchen Möglichkeiten konnten die Bauern früherer Zeiten noch nicht einmal träumen. Unsere Groß- und Vorväter mußten deshalb notgedrungen lernen, das Wetter und seine Zeichen sehr genau zu beobachten.

Aus Beobachtungen und Erfahrungen wurden Regeln, als kurze, oft in Reimform gefaßte Merksätze formuliert. Sicherlich können und sollen Bauernregeln nicht mit der modernen Meteorologie konkurrieren. Aus ihrer wechselvollen Geschichte erklären sich schließlich auch einige „Ungereimtheiten", die Zweifel an ihrer Gültigkeit erlauben. Trotzdem erzielt so manch jahrhundertealter Merkspruch heute noch erstaunlich treffsichere Vorhersagen. Der ganz besondere Wert dieser überlieferten Weisheiten liegt jedoch in der aufmerksamen, sorgfältigen Natur- und Wetterbeobachtung, von der sie Zeugnis ablegen. Großvaters Bauernregeln können deshalb vor allem auch helfen und inspirieren, selbst ein Gespür für natürliche Vorgänge und „Wettererfahrung" zu entwickeln.

Zum Gebrauch des Buches

Dieses Buch soll nicht nur eine Sammlung ausgewählter Bauernregeln und Informationen rund ums Gartenwetter bieten – es will vor allem zu eigenen Beobachtungen im Jahreslauf anregen, gewissermaßen auf Großvaters Spuren. Der Erfahrungsschatz der Altvordern kann dabei ebenso Orientierung bieten wie aktuelles Wetterwissen. Doch selbst im Zeitalter der satelliten- und computergestützten Vorhersage hält das Wetter noch allerhand Überraschungen bereit, wie wir zur Genüge wissen. Vor allem stellt es sich in jeder Region, in jedem Landstrich immer wieder ganz anders ein. Gerade für Hobbygärtner ist es deshalb entscheidend, die Verhältnisse vor Ort genau zu beobachten und am besten auch zu dokumentieren.

Mit dem Kalendarium dieses Buches steht dafür eine praktische, bequeme Möglichkeit zur Verfügung. Es bietet zu jedem Kalendertag – neben einer passenden Bauernregel – vorbereitete Rubriken, die Eintragungen erleichtern. Symbole für „sonnig", „bewölkt" und „regnerisch" erlauben das übersichtliche Festhalten des Wettercharakters durch Ankreuzen. Weitere Wettersymbole für detaillierte Aufzeichnungen finden Sie auf den beiden letzten Seiten. Die Rubriken bei den Kalendertagen ermöglichen auch das Notieren der täglichen Regenmenge (in mm) sowie mehrere Temperaturangaben neben dem Thermometerzeichen. Das können z. B. Höchst- und Tiefsttemperaturen oder Tag- und Nachttemperaturen sein.

Das Kalendarium bietet schließlich auch Platz für stichwortartiges Festhalten des täglichen Wetterverlaufs oder das Notieren von Windstärke, Luftdruck und Luftfeuchte. Wie all diese Wetterelemente am besten gemessen und erfaßt werden, beschreibt das Kapitel „Die eigene Wetterstation" (S. 46). Dort finden sich weitere Tips für entsprechende Notizen.

Tägliche Wetteraufzeichnungen ergeben übers Jahr hinweg ein genaues Bild und tragen zum Gartenerfolg bei.

Wetterwissen aus alten Zeiten

Von Wetterweisen und Volkspoeten

Die Ursprünge von Großvaters Wetterregeln lassen sich für unseren Sprachraum bis ins 9. Jahrhundert n. Chr. zurückverfolgen. Viele Merksprüche dürften in der heute bekannten Form allerdings aus dem 13. und 14. Jahrhundert stammen. Im Laufe des Frühmittelalters wurden die alten heidnischen Bezüge zunehmend durch biblische Motive und Heiligentage ersetzt. Ebenso mußte der anfänglich verbreitete Stabreim, wie etwa *Ander Wind – ander Wetter,* mit der Zeit dem Endreim weichen, z. B. in der populären Regel *Abendrot – Gutwetterbot'.*

***„Reif und Tau machen den Himmel blau".* Solche prägnanten Reime lassen sich seit jeher gut behalten.**

Die einprägsame Reimform war wichtig, denn solche Merksprüche wurden lange Zeit nur mündlich weitergegeben – von einem Bauern zum andern, von einer Generation zur nächsten. Reisendes Volk sorgte dann dafür, daß Wetterregeln selbst zwischen weiter entfernten Regionen ausgetauscht wurden. Sicherlich bestand auch früher nicht die komplette Landbevölkerung aus Wetterweisen und poetischen Naturtalenten. Es waren wohl besonders wetterkundige Bauern, die in kurzen – manchmal holprigen – Reimen ihre Beobachtungen auf den Punkt brachten.

Beim Formulieren halfen bestimmt auch Priester und Mönche; die Kirche hatte ja gerade auf dem Lande großen Einfluß auf das Leben der Menschen im Mittelalter. Ihre Vertreter schauten allerdings nicht nur dem Landvolk „aufs Maul", sondern trugen auch eigene Beobachtungen bei. Manche schöpften zudem noch aus anderen Quellen: Gebildeten Geistlichen waren die Schriften der Antike vertraut, so z. B. ein um 300 v. Chr. entstandenes Werk des Theophrast (372–287 v. Chr.), das mehr als 200 Vorzeichen für die kommende Wetterentwicklung aufführt. Morgen- und Abendrot, Sonnen- und Mondhöfe oder tanzende Mücken als Wetterboten – das alles findet sich schon bei dem Griechen Theophrast und taucht später in entsprechenden Bauernregeln wieder auf.

Schon vor Jahrtausenden erkannte man, daß der Halo, ein weiter Ring um die Sonne, oft schlechtes Wetter ankündigt.

Wetter- oder Götterzeichen?

Großvaters Wetterwissen und aufmerksame Naturbeobachtung stehen also in einer langen Tradition, die sich in allen Ländern, auf allen Kontinenten nachweisen läßt. Älteste Zeugnisse stammen aus dem Zweistromland im Nahen Osten. Dort begründeten die Sumerer vor knapp 6000 Jahren die babylonisch-assyrische Kultur und erfanden die Keilschrift auf Tontafeln. Einige babylonische Tontafeln sind noch erhalten und verkünden etwa: *Wenn ein Ring die Sonne umgibt, wird Regen fallen;* oder auch: *Ist der Mond von einem Ring umgeben, wird der König die Vormacht erringen.* Während die erste Weissagung zutreffend die Wetterbedeutung des Halo (vgl. S. 43) beschreibt, wird man die zweite heute unter Aberglaube abbuchen.

Doch auch dies prägte oft den Umgang unserer Vorfahren mit dem Wetter, von der Frühzeit bis ins späte Mittelalter: die Deutung von Himmels- und Wettererscheinungen als Prophezeiungen oder als Zeichen und Launen der Götter. Der altgermanische Donnergott Thor, der altgriechische Blitzeschleuderer Zeus oder der sturmbringende Poseidon sind prominente Beispiele für die Verknüpfung von Wetter und Mythologie.

Des Bauern „Praktik und Regel“

Einen regelrechten Boom erlebten die überlieferten Merksprüche, nachdem Johannes Gutenberg um 1445 den Buchdruck erfunden hatte. Neben der Bibel breiteten sich unter den Lesekundigen bald die volkstümlichen Kalender aus. Sie verzeichneten Kirchenfeste und Heiligentage, enthielten Ratschläge und selbstverständlich auch Ernte- und Wetterregeln. Als „Bauernregeln“ wurden diese erstmals in *Reynmanns Wetterbüchlein* bezeichnet, einer 1505 erschienenen Sammlung von Merksprüchen.

Volksweisheiten und Aberglaube

Mehr Aufsehen erregte seinerzeit wohl eine nur sechs Seiten dünne Schrift mit dem Titel *Des Pauren Pracktick unnd regel,* von ihrem anonym gebliebenen Verfasser 1508 wahrscheinlich in Augsburg veröffentlicht. Die „Bauern-Praktik" wurde über Jahrhunderte hinweg nachgedruckt, weit über die Grenzen Deutschlands verbreitet und nahm fast mit jeder Neuauflage an Umfang zu. Besonders attraktiv war ihr Versprechen einer ganzjährigen Wettervorhersage: Die zwölf Nächte zwischen Heiligabend und Dreikönigstag, die

Gemäß dem Rauhnachtglauben sollen die zwölf Nächte nach Heiligabend Wetter, Ernten und Politik des nächsten Jahres vorhersagen.

sogenannten Rauhnächte, verrieten danach den Witterungsverlauf des folgenden Jahres. Das Wetter in der Christnacht sollte zeigen, wie der Januar wird, das in der zweiten Rauhnacht die Februarwitterung vorwegnehmen usw. Entsprechend sollten sich die Ernten vorhersagen lassen. Doch nicht nur das, die Rauhnächte waren auch gut für weitere Prophezeiungen, wie etwa: *Die zwölfte Nacht, so*

der Wind wehet, so wird auch viel Krieg und Streit sein.
Bei den Menschen des ausgehenden Mittelalters fielen solche Versprechungen auf fruchtbaren Boden. Die Rauhnächte galten als heilige Nächte, der Grat zwischen Glaube und Aberglaube war schmal. Außerdem drohten allerhand neue Entdeckungen und Entwicklungen althergebrachte Weltbilder zu erschüttern. Ketzer behaupteten sogar, die Erde sei keine Scheibe, sondern eine Kugel! Gut, wenn man sich in solch wirren Zeiten an einfachen Gesetzmäßigkeiten wie den Rauhnächten orientieren kann . . . Allerdings hatte die „Bauern-Praktik" auch verläßlichere, auf echter Wettererfahrung gründende Bauernregeln zu bieten.

Lostags- und andere Bauernregeln

Man könnte die Rauhnächte auch „Losnächte" nennen, weil sie über das Los der kommenden Witterung entscheiden sollen. Entsprechendes gilt für die „Lostage" (auch: Lurtage). Es handelt sich dabei um feste Termine im Kalender, die man sich im Mittelalter anhand der datumgebundenen Kirchenfeste und Heiligengedenktage merkte, z. B. Pauli Bekehr (25. 1.), Mariä Lichtmeß (2. 2.) oder St. Matthäus (21. 9.). Mit solchen „Stichtagen" ist ein Großteil der überlieferten Bauernregeln verknüpft. Obwohl man nicht erst seit unseren Tagen Schäfer als besonders naturverbunden und wetterkundig ansieht, gibt es überraschenderweise wenig „Schäferregeln". Denn die Wanderschäferei mit eigens dafür zuständigen Personen war wohl im Mittelalter kaum verbreitet, so daß der Bauer oft zugleich Schäfer war. Ebenso auch Winzer: erstaunlich viele Regeln nehmen Bezug auf den Weinbau. Dies hängt sicher auch damit zusammen, daß noch bis ins 13. Jahrhundert ein mildes Klima vorherrschte, das vielerorts Weinbau möglich machte.
Was den Umgang mit dem Wetter angeht, kann man vier Arten von Bauernregeln unterscheiden:

- Witterungsvorhersagen anhand bestimmter Lostage oder Monate. Beispiele: *Wie das Wetter zu Vinzenz (22. 1.) war, wird es sein das ganze Jahr. Bringt der Juli heiße Glut, gerät auch der September gut.*
- Hinweise auf Regelmäßigkeiten im Witterungsablauf, die oft an ganz bestimmten Tagen im Jahreslauf festgemacht werden, z. B. *St. Kunigund (4. 3.) macht warm von unt'.*
- Anleitungen für Wetterbeobachtung und Kurzzeitprognosen, wie *Auf gut Wetter vertrau, beginnt der Tag nebelgrau.*
- Vorhersagen für die Ernte, an der Monatswitterung oder an Lostagen festgemacht, etwa: *St. Eulalia (12. 2.) Sonnenschein bringt viel Obst und guten Wein.*

Längst nicht alle Bauernregeln beschäftigen sich mit dem Wetter, viele sind Elemente eines einprägsamen Arbeitskalenders, der natürlich auch durch Klima und Witterung bestimmt

ist: *Gertraud (17. 3.) sät's Kraut.* Oder: *St. Margret (13. 7.) führt die Schnitter ins Korn.*
Schließlich fallen unter die Bauernregeln auch zahlreiche Sprichwörter, die sich mit dem Alltag und dem Leben als solchem beschäftigen – mal derb, mal fromm, mal belehrend, mal erheiternd. So wurde auch das allzu emsige und ängstliche Schielen nach Wetterzeichen aufs Korn genommen: *Wer nur auf den Wind achtet, der säet nicht – wer nur auf die Wolken sieht, der erntet nicht.*

Neue Lostage und Kalenderwerke

Sicher hat man auch damals nicht jede Wetterregel für bare Münze genommen und manche mit spöttischem Humor kommentiert – ähnlich wie bei heutigen Gartenzaungesprächen, wenn die Prognose des Wetterberichts diskutiert wird. Und bestimmt wurden die mittlerweile schriftlich weitergegebenen Merksprüche mit neuen Erfahrungen und Beobachtungen angereichert. Doch im Jahre 1582 gab es einen entscheidenden Einschnitt. Die Kalenderreform, angeordnet von Papst Gregor XIII., warf alle hergebrachten Los- und Merktage über den Haufen. Der Papst verfügte, daß im genannten Jahr auf den 4. 10. sogleich der 15. 10. zu folgen habe. Zehn Tage wurden also komplett gestrichen.
Dieser „Tagediebstahl" war keine päpstliche Willkür. Er wurde nötig, weil Sonnenstand und Naturentwicklung dem Kalender deutlich vorauseilten. Die Frühlings-Tagundnachtgleiche, der erste markante Fixpunkt im Jahreslauf, wurde zu einem immer früheren Datum beobachtet. Heute fällt dieser Termin, an dem Tag wie Nacht 12 Stunden dauern, auf den 21. 3. und kennzeichnet den Frühlingsbeginn.

Viele astronomische Beobachtungen und gelehrte Diskussionen waren nötig, um die Zeitrechnung mit dem Sonnenjahr in Übereinstimmung zu bringen.

Man nimmt an, daß es Ende des 14. Jahrhunderts bereits am 12. 3. soweit war, und im Jahr der Kalenderreform stellte sich die Tagundnachtgleiche wohl schon am 11. 3. ein.

Jahrtausendwerk Kalender

Die Astronomen kennen längst die exakte Länge des Sonnenjahrs, innerhalb dessen die Sonne zweimal den Frühlingspunkt durchläuft: Es dauert 365,2422 mittlere Sonnentage und wird auch tropisches Jahr genannt. Doch ein Jahreskalender muß notgedrungen mit ganzen Tagen rechnen; der angebrochene „Vierteltag" hat deshalb schon immer Probleme bereitet.
Als die Ägypter im 4. Jahrtausend v. Chr. das Sonnenjahr mit 365 Tagen einführten, standen sie zunächst vor einer ganz anderen Schwierigkeit: Das 360 Tage zählende Mondjahr paßte nicht mehr in die neue Zeitrechnung. Deshalb ergänzten sie fünf heilige Tage. Denn ursprünglich bestimmte der Mond den Rhythmus der Zeit, und in manchen Kulturen ist er auch heute noch Taktgeber. Für jeden ersichtlich und nachvollziehbar erscheint er alle 29 bis 30 Nächte wieder als Vollmond, sein Zu- und Abnehmen war deshalb gerade für naturnahe Völker schon immer ein wichtiger Anhaltspunkt. Und manche Gärtner, die sich beim Säen und Ernten heute wieder nach Mondläufen richten, greifen diese uralte Erfahrung auf. Aus der Beobachtung der Mondphasen ergab sich die Einteilung nach Monaten, die schließlich durch Einführung des Sonnenjahrs ganz vom eigentlichen Mondzyklus abgekoppelt wurden.
Die ziemlich präzise Festlegung des Sonnenjahrs – mit ganz anderen Voraussetzungen und Gerätschaften als heute – war bereits eine erstaunliche Leistung der alten Ägypter. Doch die Differenz zum realen bzw. tropischen Sonnenjahr betrug jährlich immerhin knapp sechs Stunden, nach vier Jahren also schon einen ganzen Tag. Schließlich kamen die Nachfahren der Ägypter im 3. Jahrhundert v. Chr. auf die elegante Idee, alle vier Jahre einen zusätzlichen Tag einzuschieben. Von dieser Schaltjahr-Lösung ließ sich später Julius Cäsar inspirieren, als er im Jahre 46 v. Chr. den römischen Kalender reformierte. Fortan rechneten die Römer jedes vierte Jahr mit 366 Tagen. Der Julianische Kalender bestimmte die weitere Entwicklung in unserem Kulturkreis, bescherte uns die römischen Monatsnamen sowie den Februar als Schaltmonat. Um 1000 n. Chr. wurde er zum christlichen Kalender, bei dem die Datumsfixierung anhand von Kirchen- und Märtyrerfesten zum festen Bestandteil gehörte. Doch ansonsten galt die übernommene römische Zeitrechnung – bis sich dann 1582 Gregor XIII. zum Eingreifen gezwungen sah.

Kalenderreform und die Folgen

Mit dem vierjährlichen Schalttag im Julianischen Kalender hatte das Jahr im Schnitt 365,25 Tage. Damit war es etwas länger als das tropische Jahr, genau 11 Minuten und 14 Sekunden. Das macht etwa alle 128 Jahre einen ganzen Tag Unterschied. Hätte Gregor XIII. alles beim Alten belassen, fiele bei uns heute der Frühlingsanfang wohl auf den 8. 3. Die Kalenderreform strich jedoch nicht nur zehn Tage. Papst Gregors Berater beugten vor und legten fest: „Runde" Jahrhunderte sind keine Schaltjahre – außer wenn sie durch 400 teilbar sind. Deshalb hat das Jahr 2000 ebenso wie 1600 einen 29. Februar. Dagegen waren 1700, 1800 und 1900 keine Schaltjahre. So zählt das durchschnittliche Kalenderjahr seit dieser Reform 365,2425 Tage. Die minimale Abweichung gegenüber dem exakten tropischen Jahr wird erst in etwa 3000 Jahren zu einer Verschiebung um einen ganzen Tag führen. Da die Einzeljahre zwangsläufig von der krummen Tageszahl des Durchschnittsjahrs abweichen, fällt der kalendarische Frühlingsbeginn heute oft nicht auf den 21., sondern auf den 20. 3.

Doch das Volk war von Papst Gregors Großtat nicht begeistert. Ein unbekannter Poet kommentierte säuerlich: *‚O Bapst, was hastu angericht/Mit deinem heillosen Gedicht/Das du verkehret hast die Zeit/Dadurch jrr gemacht uns arme Leut/Das wir nun mehr kein wissen haben/wann man soll pflanzen, seen, graben . . .'* Da gab es z. B. den wichtigen Merkspruch für die Frühjahrsaussaat: *St. Gregor (12. 3.) zeigt dem Bauern an, daß im Feld er säen kann.* An der alten Zeitrechnung gemessen, war St. Gregor ja nun auf den 2. 3. vorgezogen. Sollte man jetzt wirklich schon so früh das Feld bestellen oder mit der Saat zehn Tage bis zum (neuen) 22. warten, der durch keinen populären Heiligen gekennzeichnet war? Vielleicht resultiert daraus die St.-Benedikt-Regel: *Auf St. Benedikt (21. 3.) achte wohl, daß man Hafer säen soll.*

Großvater prüft der Sterne Lauf – geht der Kalender nun wirklich auf?

Was die Bauern allerdings nicht wissen konnten: Aufgrund der Ungenauigkeiten des Julianischen Kalenders hatten sich bereits viele überlieferte Stichtage verschoben, gegenüber dem natürlichen Sonnenlauf etwa alle 128 Tage um einen Tag nach hinten. Papst Gregor schob jetzt Lostage aus dem 12. und 13. Jahrhundert wieder in die richtige Richtung, wenn auch sehr radikal.

Solche Feinheiten kümmerten den

Wiener Astrologen Johann Rasch wenig. Er erkannte schnell die Marktlücke und veröffentlichte 1590 die *New Lostäg*. Seine Eigenwerbung versprach *nutzliche bedencken und unterscheidung der alten Lostäg, die feldregel und Bauernpractic angehend*. Sein Leitfaden sollte zeigen, *ob die* (bisherigen Lostage) *in den Neucalender all umb tag mussen mit umbesetzt werden*, oder ob sie ohne Datumsverschiebung weiterhin gültig

Große Verwirrung im 16. Jahrhundert: Die überlieferten Saat- und Erntetermine galten plötzlich nicht mehr.

sind. Letztere Annahme machte weniger Arbeit, und so hat Rasch viele Lostage unverändert übernommen – nicht unbedingt zum Vorteil für Gültigkeit und spätere Beurteilung der Bauernregeln.

Der „Hundertjährige Kalender"

Die Aufregung um die Kalenderreform hatte sich längst gelegt, als der Erfurter Arzt Christoph Hellwig um das Jahr 1700 einen *Auf hundert Jahr gestellten Curiösen Kalender, nemlichen von 1701 bis 1801* veröffentlichte. Seine „Inspirationsquelle" waren Aufzeichnungen des Bamberger Abtes Mauritius Knauer. Der naturwissenschaftlich gebildete Kirchenmann hatte vom Frühlingsbeginn 1652 bis Anfang 1659 seine täglichen Wetterbeobachtungen notiert. Danach beendete er seine Untersuchungen, denn er hing einer damals weit verbreiteten Überzeugung an: Wettergeschehen wie Weltenlauf werden durch einen siebenjährigen Rhythmus bestimmt. Bereits in der Bibel finden sich ja Hinweise auf solche Perioden, man denke nur an die sieben fetten und sieben mageren Jahre.
Außerdem glaubten viele Menschen des 17. Jahrhunderts, selbst der Astronom Kepler, an einen Wettereinfluß der Planeten. So lag die Vermutung nahe, daß sieben Planeten abwechselnd den Jahreslauf bestimmen. Bekannt waren seinerzeit Saturn, Jupiter, Mars, Venus und Merkur, als weitere Planeten wurden Sonne und Mond angesehen. Die Regentschaft der Planeten wechselte jährlich zum 21.3., dem Datum der Tagundnachtgleiche.
Wohl im festen Glauben an diese ehernen Gesetze setzte Knauer seine Aufzeichnungen 1659 nicht mehr fort und begann mit der Auswertung. Er ord-

nete jedem Planeten einen bestimmten Witterungscharakter zu: Saturnjahre waren kalt und feucht, Jupiterjahre warm und trocken usw. Schließlich ergänzte er allerlei weitere Beobachtungen, landwirtschaftliche und medizinische Ratschläge sowie Wetterregeln. So entstand ein umfassender Ratgeber, der zunächst vor allem in Klöstern Verbreitung fand.

Als der eingangs erwähnte Hellwig zufällig auf eine Abschrift stieß, hatte er eine Goldgrube gefunden. Er rechnete Knauers Prognosen auf den Zeitraum von 1701 bis 1801 hoch, der *Hundertjährige Kalender,* ein hervorragend verkäufliches Werk, war geboren. Besser gesagt: Machwerk, denn Hellwig änderte Knauers Aufzeichnungen für seine Zwecke kräftig ab. Vor dem Druck kamen schließlich noch Lettern und ganze Textpassagen durcheinander, das „technische Versehen" führt zu weiteren Umstellungen, die Knauers Überlieferung völlig verzerrten. Hellwigs Urauflage erging es allerdings nicht besser. Das ungemein populäre Kalendarium wurde hundertfach nachgedruckt, auf die folgenden Jahrhunderte übertragen, und unzählige Bearbeiter haben durch neue Umstellungen, Kürzungen und Ergänzungen ihre Spuren hinterlassen.

Schon im Mittelalter zeichneten Mönche Natur- und Wetterbeobachtungen auf, wie es später dann auch der Abt Mauritius Knauer tat.

Von Prophezeiungen und Prognosen

Die Entstehungsgeschichte des „Hundertjährigen" macht schon klar, was auch Wetterforscher nachgewiesen haben: Er taugt lediglich zur Unterhaltung, aber keinesfalls für eine ernsthafte Wettervorhersage. Man würde jedoch den alten Überlieferungen unrecht tun, wenn man sie alle über einen Kamm scherte. Das gilt besonders für viele Bauernregeln, die erwiesenermaßen mehr als ein Körnchen Wahrheit enthalten.

Bauernregeln auf dem Prüfstand

Gerade im Umgang mit Natur und Wetter stößt man immer wieder auf Zusammenhänge, die sich nicht bis ins Detail begründen, erfassen, absichern lassen. Erfahrungswissen, das sich auch in Großvaters Wetterregeln äußert, hat in solchen Fällen einen besonderen Stellenwert. Trotzdem kann die vielgeschmähte Statistik helfen, die Spreu vom Weizen zu trennen. Denn Erfahrungen sind oft subjektiv und vom aktuellen Augenschein geprägt. So mag z. B. mehrere Jahre hintereinander ein milder März von einem angenehmen April abgelöst werden. Leicht gewinnt man dann den Eindruck, daß die alte Bauernregel recht hat: *Einem freundlichen März folgt ein freundlicher April.* Das stimmt aber höchstens in der Hälfte aller Jahre, wenn die Wetterdaten eines längeren Zeitraums ausgewertet werden. Anders ausgedrückt: die Regel trifft nur mit 50 % Wahrscheinlichkeit zu. Wenn Sie für den nächsten Montag oder für den 1. 7. im Jahre 2010 Regen voraussagen, hat Ihre Prognose dieselbe Eintreffwahrscheinlichkeit – entweder es regnet, oder es regnet nicht.

Als Anhaltspunkt: Die heutige Wettervorhersage für die nächsten ein bis zwei Tage erreicht im Schnitt eine Trefferquote von knapp 90 %. Trotz weltumspannender Satellitenbeobachtung und modernster Computertechnik sinkt dieser Wert jedoch rapide, wenn das Wetter für mehr als eine Woche vorhergesagt wird. Gründe werden im „chaotischen" Verhalten der Atmosphäre gesehen, kleinste Änderungen in den hohen Luftschichten können plötzlich das ganze Wettergeschehen durcheinanderbringen.

Wie sieht es nun vor diesem Hintergrund mit Großvaters Bauern- und Wetterregeln aus? Zum einen treffen ja viele von ihnen mutige Langfristvorhersagen. Zum andern zeigt die Geschichte ihrer Entstehung und Überlieferung, daß ursprüngliche Wetterbeobachtungen vielfach verändert und verfälscht wurden. Gibt es trotzdem Bauernregeln, die heute noch eine Zufalls-Trefferquote von 50 % überschreiten? Schon mehrere Wetterkundler versuchten, wissenschaftlich fundierte Antworten zu geben.

Namentlich genannt sei hier der Berliner Meteorologe Horst Malberg, der sich besonders gründlich mit dieser Frage beschäftigt hat. Seine wie die Ergebnisse anderer geben wertvolle Hinweise zum Umgang mit den Bauernregeln. Wetterdaten aus alter und neuer Zeit wurden ausgewertet und mit den jahrhundertealten Prognosen verglichen.

Daß etliche Regeln – es sind ja viele Hundert aus den verschiedensten Zeiträumen überliefert – bei solchen Überprüfungen höchstens Zufallstreffer produzieren, muß nicht verwundern. Doch mindestens ebenso viele Merksprüche zeigen eine Trefferquote von wenigstens 60 %, haben also in sechs von zehn Jahren recht. Knapp über dem Zufall, sagt der Skeptiker.

***„Hundstage heiß, Winter lange weiß"* – diese alte Regel ergibt heute nur mäßige Trefferquoten.**

Eine brauchbare Orientierung, sagt dagegen der Wohlmeinende und merkt sich gern auch solche Regeln, die eine Tendenz anzeigen, z. B.: *Ist der Januar hell und weiß, wird der Sommer sicher heiß.* Doch wenn die Wissenschaftler 67 % ausrechnen, wird ein Wettermerkspruch besonders interessant. Er trifft dann schon durchschnittlich in zwei von drei Jahren zu, so etwa die Regel: *Hält St. Rupert (28. 3.) den Himmel rein, so wird es auch im Juli sein.* Eine noch zuverlässigere Prognose reimt: *Ist bis Dreikönigstag (6. 1.) kein Winter, so kommt auch keiner mehr dahinter.* Das hat sich bisher in acht von zehn Jahren bewahrheitet – ein eindrucksvoller Beleg für Großvaters geschulte Wahrnehmung. Es zeigt sich immer wieder, daß die „Trefferquote" von Bauernregeln regional sehr unterschiedlich ausfällt. Grundsätzlich können solche Merksprüche nur für die Region gelten, in der sie entstanden sind. Aufgrund des Kalenderwirrwarrs früherer Zeiten müßten zudem viele Lostagsregeln um sechs bis zehn Tage verschoben werden, je nachdem, wann sie erstmals gereimt wurden. Man kann die überlieferten Merktage aber auch nur als Anhaltspunkte für eine Zeitspanne verstehen. Dann geben z. B. einfach die Tage um und nach dem 12. 5. Hinweise auf das Spätjahrswetter: *Ist der Pankraz schön, gibt's einen guten Herbst.* Doch vielleicht war mit „gutem Herbst" ursprünglich gar nicht das Wetter, sondern eine reiche Ernte gemeint. . .?
Die häufig vorkommenden Vorhersagen von sieben Wochen oder 40 Tagen Regen haben biblische Anklänge (sieben Tage Welterschaffung, 40 Tage Sintflut). Interpretiert man sie schlicht als mehrere Wochen, in denen überdurchschnittlich oft Niederschläge fallen, kommt man der ursprünglichen Intention solcher Merksätze wohl näher. Wer dagegen Bauernregeln erbsenzählerisch auslegt, wird wenig Freude und Gewinn daran haben.

Recht verläßlich: *„Auf gut Wetter vertrau, beginnt der Tag nebelgrau."*

Singularitäten statt Bauernregeln?

Pankraz, Servaz, Bonifazi sind drei frostige Bazi, und zum Schluß fehlet nie die kalte Sophie: Mit dieser populären Bauernregel, die späte Fröste für den 12. bis 15. 5. prophezeit, beschäftigten sich im 19. Jahrhundert mehrere Wetterforscher. Gesammelte Wetterdaten und -karten, die nun zunehmend verfügbar waren, bestätigten die Volksweisheit. Auch andere markante Regelmäßigkeiten im jährlichen Witterungsablauf fielen auf, teils ebenfalls schon in jahrhundertealten Merksätzen festgehalten.

Der Meteorologe August Schmauß prägte für solche Auffälligkeiten 1928 den Begriff „Singularitäten“, andere bevorzugten später den Ausdruck Witterungsregelfälle. Dabei handelt es sich um häufig auftretende Ausreißer im „normalen“ Witterungsverlauf der Jahreszeiten, die sich zu ganz bestimmten Terminen einstellen: beispielsweise um Kälterückfälle, wenn die Temperaturen tendenziell zunehmen, wie eben die Eisheiligen Mitte Mai, die Schafskälte Anfang Juni oder die kühl-regnerischen Tage um Siebenschläfer (27. 6.). Bekannt sind auch Perioden „untypischer“ Wärme wie das Weihnachtstauwetter oder das letzte Aufbäumen vor dem kühler werdenden Herbst, der Altweibersommer. Doch die angegebenen Namen und Zeiträume sind teils nur noch Geschichte. Denn in den letzten Jahrzehnten wurde beobachtet, daß sich einige Witterungsregelfälle verschoben haben, andere ganz ausgefallen sind. Gerade die Eisheiligen, Ausgangspunkt für die ersten Singularitätenforschungen, sind scheinbar schon länger „verlorengegangen“ (vgl. S. 92). Nichtsdestotrotz hat die Singularitätenforschung so manche Bauernregel bestätigt.

Die frisch geschorenen Schafe frieren, wenn es im Juni kühl wird. So kam die Schafskälte zu ihrem Namen.

Wichtig ist jedoch die Erkenntnis, daß sich Witterungsregelfälle im Laufe der Zeit verändern. Dies hat in neuerer Zeit der Meteorologe Peter Bissolli in einer gründlichen Auswertung bundesweiter Klimadaten aufgezeigt. Gleichzeitig hat er einen aktualisierten Singularitätenkalender erstellt. Hinweise auf solche Witterungsregelfälle finden sich in den Monatseinleitungen im Kalendarium dieses Buches.

Dem Wetter auf der Spur

Vom Wetter zum Klima

Unsere Vorfahren wußten über das Wetter vor Ort sehr gut Bescheid, wie die Bauernregeln zeigen. Was allerdings den Wechsel von Wärme und Kälte, von Regen und Trockenheit bestimmt, konnten sie bestenfalls ahnen.
Die Erkenntnisse kluger Köpfe wie Kepler, Kopernikus und Galilei legten im ausgehenden Mittelalter den Grundstein für unser heutiges Wissen. Denn die Hintergründe des Wettergeschehens wurden erst klar, als man herausfand, daß und wie sich die Erde um die Sonne dreht.
Bei grundlegender Betrachtung des Wettergeschehens ist es ganz hilfreich, sich zunächst die Unterschiede zwischen Wetter und Klima, einem gerade für Gärtner wichtigen Begriff, klar zu machen.

Eine Frage des Zeitraums

Beim **Wetter** im engeren Sinn geht es um den momentanen Zustand an einem bestimmten Ort: etwa ob der Sonntagsausflug durch Regen vermiest wird oder die Nachrichten neiderregende Temperaturen von beliebten Urlaubszielen melden. Der vorherrschende Wettercharakter mehrerer Tage, Wochen oder auch Jahreszeiten wird als **Witterung** angegeben. Die kann z. B. naß-kalt, feucht-warm oder – wie so häufig – unbeständig sein.

Vom aktuellen Wetter über die kurz- oder mittelfristige Witterung zum Klima – das ist ein großer Sprung. Denn das **Klima** beschreibt Wetter- und Witterungsverhältnisse eines Ortes über Jahrzehnte hinweg. Eigentlich fehlt eine Zwischenstufe: der Jahreswitterungsverlauf. Der kann beispielsweise an der Mosel durchaus einen kühlen, verregneten Juli und August bringen und den Winzern Sorgen bereiten. Trotzdem besteht kein Zweifel, daß man es in dieser Region mit einem typischen Weinbauklima zu tun hat, mit üblicherweise trocken-warmen Sommern und relativ milden Wintern.
Das Klima macht also Angaben über den „typischen“ Jahresverlauf an einem Ort oder in einem bestimmten Gebiet. Dazu gehören auch statistische Kenngrößen wie mittlere Sonnenscheindauer pro Jahr, Durchschnittstemperaturen, übers Jahr aufgerechnete Niederschlagssummen sowie entsprechende Maximum- und Minimumwerte.
Orte mit ähnlichen Klimadaten lassen sich zu größeren Bereichen zusammenfassen. Gerade genannt wurde das freundliche „Durchschnittswetter“ der Weinbauregionen, das Hobbygärtnern sogar den Anbau kälteempfindlicher Gehölze wie Mandelbäumchen oder Pfirsich erlaubt. Auch das oft unangenehme Stadtklima bietet in dieser Hinsicht Vorteile: Im Innern größerer Städte liegt die mittlere Temperatur oft

Was im Garten wächst und gedeiht, hängt vom regionalen Klima ab. Doch teils kann man durch gezielte Maßnahmen und Standortwahl ein besonderes Kleinklima nutzen.

mehrere Grade höher als im Umland. Im noch kleineren Maßstab kann man ähnliche Wärmeeffekte bereits an einer Südwand im Garten feststellen. Hier erleben wir den Begriff Klima in seiner „intimsten" Form: als **Kleinklima**, das auf S. 116 etwas näher betrachtet werden soll.

Das Klima im großen

Die Rahmenbedingungen für das Wetter vor Ort steckt das Großklima oder Regionalklima ab. So etwa das **Gebirgsklima**, gekennzeichnet durch krasse Wechsel und Unterschiede, je nach Ausrichtung der Hänge zur Sonne und zu den Windrichtungen. Die Lufttemperatur nimmt mit der Höhe ab, die Strahlungsintensität der Sonne zu, ebenso die Windgeschwindigkeit. *Auf den Bergen geht der Wind heftiger als im Tal,* erkannten schon die Altvordern. Die speziellen Verhältnisse höherer Gebirgslagen zeigen positive Wirkungen bei verschiedenen Erkrankungen und sind deshalb als gesundheitsförderndes Reizklima bekannt. Als solches wird auch das Klima an der Küste eingestuft, mit kräftigen Winden, frischer, salzhaltiger Luft und ganzjährig reichlichen Niederschlägen. Im Gegensatz zum Gebirgsklima sind hier die

Traum vieler Gärtner: das milde Klima der Weinbauregionen. Teilweise ist es dort allerdings im Sommer extrem trocken.

Temperaturen im Tages- wie im Jahreslauf eher ausgeglichen, die Sommer recht kühl und die Winter etwas milder.
Die Nordseeküste zeigt deutliche Einflüsse des vom Atlantik bestimmten maritimen oder **Seeklimas.** Dessen „Kontrahent" ist das kontinentale bzw. **Festlandklima,** geprägt durch die ausgedehnten Festlandmassen Asiens und charakterisiert durch deutliche Jahreszeitenunterschiede der Temperaturen sowie Konzentration der Niederschläge auf den Sommer. Deutschland liegt im Übergangsbereich dieser beiden Großklimate, deren Wechselspiel unser Wetter entscheidend mitbestimmt.

Zu diesem „Ost-West-Konflikt" kommt ein ausgeprägtes Süd-Nord-Gefälle der Temperaturen auf der nördlichen Erdhalbkugel, ebenso wie es sich spiegelbildlich auf der Südhalbkugel abzeichnet. Die markantesten Unterschiede herrschen zwischen dem um den Äquator angeordneten Klimagürtel der heißen, feuchten **Tropen** einerseits und den beiden **Polarzonen** andererseits. Die Arktis, der Bereich um den Nordpol, ist durch ein fast ganzjährig vereistes Meer beherrscht; um den Südpol erstreckt sich die antarktische Landmasse, stets mit einer bis zu 4 km hohen Eisdecke überzogen. Zwischen Äquator und Polen liegen jeweils die warmen, in großen Teilen durch Wüsten geprägten **Subtropen** sowie die gemäßigten Klimazonen.
Das **gemäßigte Klima** läßt sich wiederum unterteilen: zum einen in das Mittelmeerklima mit warmen, trockenen Sommern, recht regelmäßigem Frühjahrs- und Herbstregen sowie milden Wintern. Zum andern fällt in diese Zone unser gemäßigtes immerfeuchtes Klima, vom Jahresgang der Temperaturen wohl vertraut, mit Hauptniederschlagsmengen im Sommer und Herbst. Der gemäßigte Klimabereich erstreckt sich etwa zwischen dem 35. und 60. Breitengrad, und gerade hier wirken sich die extremen Unterschiede zwischen Tropen und Polen am deutlichsten aus. Unser tägliches Wetterschauspiel hat darin seinen eigentlichen Hintergrund.

Zwischen Himmel und Erde

Beim großen Wetterschauspiel herrscht etwa folgende Aufgabenteilung: Die Sonne führt Regie (Beleuchtung inbegriffen), die Erde schreibt das Drehbuch; ihre Lufthülle, die Atmosphäre, ist die Kulisse des Geschehens. Die Hauptdarsteller, nämlich Luftmassen sowie Hoch- und Tiefdruckzonen, orientieren sich zwar an Skript und Regieanweisungen, agieren und reagieren allerdings recht frei miteinander, so daß die Aufführungen oft den Eindruck spontaner Improvisation erwecken.

Sonne, Erde, Jahreszeiten

Die Strahlungsenergie der Sonne sorgt für Wärme und Licht. Ein wichtiger Teil der Strahlung dient den Pflanzen zum Stoffaufbau und ist damit Voraussetzung für alles Leben auf der Erde. Die Energie der Sonne stellt aber auch die Antriebskraft für alle wetterbestimmenden Vorgänge auf und über der Erde dar. Die Lage unseres Planeten im Weltraum sowie seine Drehbewegungen führen dazu, daß die Sonne auf der Erdoberfläche ganz unterschiedlich zum Zuge kommt.
Zum einen dreht sich die Erde in knapp 24 Stunden einmal um ihre eigene Achse, die gedachte Verbindung zwischen Nord- und Südpol. Außerdem umkreist sie in gut 365 Tagen einmal die Sonne. Bei senkrechter Stellung der Erdachse zur Erdumlaufbahn wäre jeder Ort 12 Stunden zur Sonne hin-, 12 Stunden von der Sonne abgewandt, die Tage und Nächte wären also immer und überall gleich lang. Doch die Erdachse ist gegenüber dieser fiktiven Senkrechten um 23,5 Grad geneigt. Dadurch sind Nord- und Südhalbkugel jeweils ein halbes Jahr stärker der Sonne zugewandt bzw. der Einfallswinkel der Sonne ändert sich im Jahreslauf entsprechend. Das hat nicht nur Auswirkungen auf die Tageslänge, sondern ergibt auch quer über den Globus „Streifen“ mit unter-

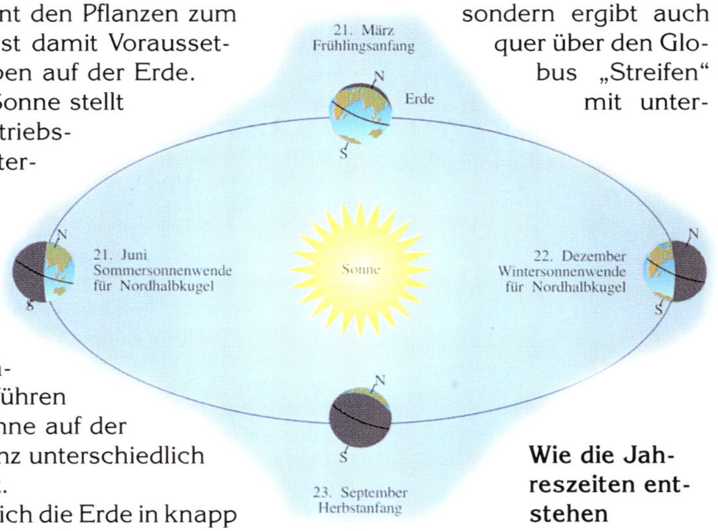

Wie die Jahreszeiten entstehen

schiedlicher Erwärmung – die beschriebenen **Klimazonen.** Die Erdmitte, der Äquator, wird von alledem kaum berührt, Tage und Nächte sind dort stets annähernd gleichlang. Ganzjährig fast senkrecht einstrahlende Sonne sorgt für die gleichmäßig hohen, tropischen Temperaturen. Genau am Zenit steht die Mittagssonne dort allerdings nur zweimal im Jahr, am 20./21. 3. und 23. 9. Zu diesen Zeitpunkten, den **Tagundnachtgleichen,** dauert der Tag in allen Breiten 12 Stunden. Bei uns markieren diese beiden Termine Frühlings- und Herbstanfang. Zu unserem Sommeranfang am 21. 6. steht die Mittagssonne jedoch nicht am Äquator, sondern bei 23,5° nördlicher Breite im Zenit. Ergebnis: auf der Nordhalbkugel beginnt die warme Jahreszeit, wir genießen unseren längsten Tag. Doch gleichzeitig wissen wir, daß er jetzt unaufhaltsam wieder kürzer wird – bis zur nächsten **Sonnenwende** am 21. oder 22. 12. Gebäude werfen dann die längsten Schatten, denn die Sonne fällt mittags nur im flachen Winkel ein.
So bewirkt die Erdlage und -drehung den uns vertrauten Jahreszeitenwechsel. Die Sonnenstandsveränderungen wirken sich jedoch mit etwas Verzögerung aus, weil sich die Erde erst allmählich erwärmt bzw. abkühlt. Zum Höhepunkt des Winters bemerken Großvaters Bauernregeln deshalb treffend: *Wenn der Tag beginnt zu langen, kommt der Winter erst gegangen.*

Bewegte Luftreisen

Es ist eine der wichtigsten Handlungsanweisungen im Wetterdrehbuch, daß Temperaturunterschiede stets nach Ausgleich verlangen. Es muß also beständig Energie zwischen den beiden Extrem-Schauplätzen Tropen und Pole transportiert werden. Das geschieht zum einen über Meeresströmungen, zum anderen über die Luft.
Der Wärmetransport über die Luft wird gern am Beispiel eines beheizten Zimmers beschrieben. Luft dehnt sich bei Erwärmung aus, wird deshalb leichter und steigt nach oben. So kann es trotz aufgedrehter Heizung im warmen Zimmer „fußkalt“ sein, besonders wenn durch einen Türspalt kalte Luft eindringt. Öffnet man nun die Tür ganz, füllt sich der Raum von unten her mit kalter Luft, während darüber die Warmluft in den kühleren Flur abfließt. Ähnliches passiert im Prinzip auf unserer großen Wetterbühne: Die warme, täglich neu aufgeheizte Luft des tropischen Gürtels bewegt sich in der Höhe in die kälteren Gebiete, während darunter stets polare Kaltluft Richtung Äquator fließt. Das Eindringen kalter Luft durch die offene Tür empfinden wir als Zug; im großen äußern sich solche Luftbewegungen als Winde. Der Energieausgleich verläuft jedoch nicht ganz geradlinig nach dem Prinzip „offene Zimmertür“, sondern geht auf Umwegen vor sich. Da sich die Erde täglich im Gegenuhrzeigersinn um die eigene Achse dreht, werden die Hauptluftströme beständig abgelenkt: der

Nordwind aus der Arktis nach Westen, die Luftströmung vom Äquator auf der Nordhalbkugel nach Osten. Da Winde danach benannt werden, wo sie herkommen, haben wir es grundsätzlich mit tropischen Westwinden und polaren Ostwinden zu tun.

Diese führen zum großen Teil durch unseren Klimabereich, das Übergangsgebiet der beiden Hauptluftströme. Warme und kalte Luftmassen treffen hier, genauer an der sogenannten **Frontalzone** zwischen 40. und 45. Breitengrad, ständig aufeinander, und zwar in verschiedenen Höhen auf ganz unterschiedliche Weise. Im bewegten Austausch der Kontrahenten bilden sich Wirbel und Wellen, aufgrund von Temperatur und Luftdruckunterschieden entwickelt sich ein reges Wechselspiel. Und was nicht in der Luft ausgetragen werden kann, wird über das Wasser reguliert.

Da ist einmal der Wasserdampf, dessen Wetterrolle uns in Form von Wolken und Niederschlägen wohl bekannt ist. Unter der Sonnenstrahlung verdunsten täglich große Mengen an Wasser von der Erdoberfläche, besonders aus den Meeren, aber auch aus dem Boden und von Pflanzen. Verdunstung benötigt Wärme, im aufsteigenden Wasser wird also gewissermaßen Energie gebunden. Zum andern findet ein Wärmetransport und -austausch auch über die Wassermassen der Meere statt, ein prominentes Beispiel dafür sind die warmen Golfströme.

Eine weitere, für unser Wetter noch wichtigere Rolle spielen die Meere als Wärmespeicher. Der Erdboden auf dem Festland erwärmt sich im Vergleich zu den Wassermassen recht zügig, gibt aber, vor allem nachts, auch schnell wieder Wärme an die darüberliegende Luft ab. Die Ozeane dagegen erwärmen sich langsam, aber tiefreichend. Wo große Wasser- und Landmassen aufeinanderstoßen, entstehen deshalb wiederum Temperaturgefälle, die nach Ausgleich drängen. Anders als beim Wechselspiel Pol – Äquator sind diese Temperaturunterschiede jedoch nicht konstant, sondern ändern sich in unseren Breiten im Jahreslauf. Solche jahreszeitbedingten Unterschiede in der Erwärmung von Meer und Festland sind zum Teil auch Ursache für die als Singularitäten (vgl. S. 21) bekannten Kälte- und Wärmerückfälle.

Die langsamere Erwärmung des Meeres beschert uns im Frühjahr manchen Kälteeinbruch.

Zusammen mit dem durch die Erddrehung abgefälschten Süd-Nord-Transport ergibt sich ein kompliziertes Mit- und Gegeneinander der unterschiedlichsten Luftmassen. Es schälen sich ein paar Favoriten heraus, deren häufiges Auftreten aus den geschilderten Zusammenhängen verständlich wird.

Folgende **Luftmassen** spielen bei unserem Wetter die Hauptrolle:

- Arktische und grönländische Polarluft: Diese kalten, feuchten Luftmassen kommen auf mehr oder weniger direktem Wege vom Nordpol und bringen häufig kräftige Niederschläge.
- Erwärmte Polarluft: Sie gelangt aus Westen, auf dem Umweg über den Azorenraum im Atlantik zu uns, ist nicht mehr ganz so kalt wie die Ursprungsluft, aber ebenfalls feucht, und sorgt für sehr wechselhaftes Wetter.
- Meeresluft: Mild und feucht erreicht uns diese Luft aus Richtung der britischen Inseln.
- Festlandluft: Bei hohem Luftdruck über Mitteleuropa entstehend, ist diese Luft in der Regel trocken, im Sommer warm, im Winter kalt.
- Luftmassen aus Osteuropa: Sie sind nicht ganz so häufig wetterbestimmend wie die vorgenannten und können entweder polar geprägt, also kalt, oder tropisch-warm sein. Im ersten Fall kommen sie aus Richtung Rußland, im letzteren aus Südosteuropa. Was sie verbindet, ist ihr deutlich trockener Charakter.
- Atlantische Tropikluft: Vom Äquator beeinflußt, strömt diese feuchtwarme Luft von den Azoren bei uns ein, meist aus Südwesten.

Die Lufthülle der Erde

Für unser Schauspiel ist hauptsächlich die unterste Atmosphärenschicht, die

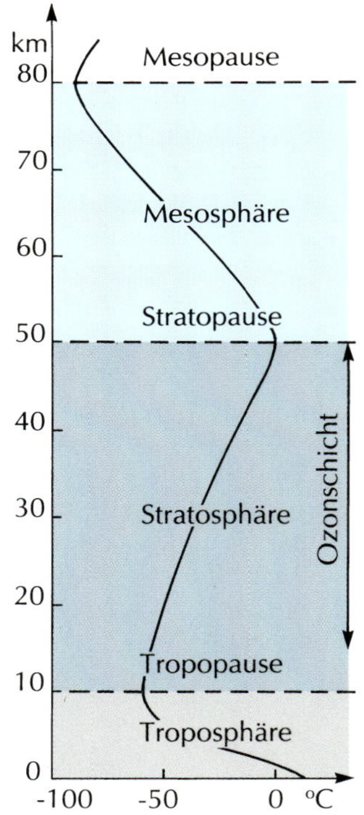

Schematischer Aufbau der Atmosphäre und mittlere Temperaturverteilung (ohne die höchste Schicht der Thermosphäre).

sogenannte Wetterschicht, interessant. Sie heißt auch **Troposphäre** und erfährt an den Polen mit 8 km ihre geringste, am Äquator mit bis zu 18 km ihre größte Ausdehnung. Zum Vergleich: Der höchste Punkt der Erde, der Mount Everest, reicht gerade mal 8848 m in die Atmosphäre. Die Lufttemperaturen nehmen mit zunehmender Höhe ab, in unseren Breiten liegen sie in 10 km Höhe schon bei etwa –5° C.

Über den Luftaustausch mit der Troposphäre übt die darüberliegende **Stratosphäre** indirekten Wettereinfluß aus. Bis in die Höhe der Stratosphäre (etwa 50 km) steigen übrigens auch Ballons auf, die der Wetterbeobachtung dienen. Diese Etage der Atmosphäre ist durch krasse Temperaturwechsel und Stürme geprägt. Außerdem enthält sie die für uns lebenswichtige Ozonschicht, die die UV-Strahlung der Sonne filtert. Treibgase und andere Schadstoffe haben dieser Strahlungsbarriere bekanntlich stark zugesetzt – ein gravierendes Umweltproblem mit der Folge erhöhten Hautkrebsrisikos.

In der folgenden Atmosphärenschicht, der **Mesosphäre**, kann man ab und zu Sternschnuppen beobachten. Ab 80 km Höhe schließt sich daran die **Thermosphäre** an; wie der Name ahnen läßt, klettern hier, unter dem Einfluß der Sonnenstrahlen, die Temperaturen mit zunehmender Höhe auf unvorstellbare Werte. Mit ihrer äußersten Schicht, der **Exosphäre**, geht die Atmosphäre schließlich bei etwa 1000 km Höhe ohne scharfe Grenze in den Weltraum über.

Die Luft – ein besonderer Stoff

Der so unscheinbare „Stoff" der Wetterkulisse ist ein sehr interessantes Medium mit speziellen Eigenschaften und prägnanten Auswirkungen. Die Luft besteht bis in etwa 100 km Höhe recht einheitlich aus einem Gemisch von gasförmigem Stickstoff (ca. 78 %) und Sauerstoff (ca. 21 %). Dazu kommen kleine Mengen an Edelgasen, in Bodennähe außerdem Spuren des für Pflanzen lebensnotwendigen Kohlendioxids. Im Übermaß gilt es jedoch als Luftschadstoff, ebenso wie Schwefeldioxid, Stickoxide und andere Verschmutzungen, die verheerenderweise zu üblichen Bestandteilen der Luft geworden sind.

In der unteren Atmosphärenschicht bis ca. 16 km Höhe finden wir einen weiteren, sehr wichtigen Luftbestandteil, den Wasserdampf – in stark veränderten Anteilen, die man als Luftfeuchte registriert. Das Wechselspiel zwischen Luftfeuchte, Lufttemperatur und Luftdruck bestimmt zum großen Teil die Dynamik des Wettergeschehens.

Mit der Höhe wird die Luft „dünner", so daß im Gebirge ein deutlich niedrigerer Luftdruck herrscht als auf Meeresniveau.

Der Druck der Luft

Luft gilt als Synonym für sehr Leichtes, und an einem Eimer „voll Luft" wird sich niemand überheben. Doch über jedem Quadratmeter der Erdoberfläche türmen sich ja Hunderte Kubikmeter Atmosphärenluft.

Aufgrund der Erdanziehung bzw. Schwerkraft übt diese Luftmasse einen Druck auf jeden Quadratmeter der Erdoberfläche aus. Dieser wird in der Einheit Pa (= Pascal) gemessen und angegeben. Als Instrument zur Luftdruckmessung dient das Barometer (vgl. Kapitel „Die eigene Wetterstation", S. 46).

Bestimmt man den Luftdruck auf Meereshöhe, erhält man einen mittleren Wert von 101 300 Pa, in die handlichere Angabe Hektopascal umgerechnet 1013 hPa. Einen mittleren Wert deshalb, weil sich der Druck entsprechend der jeweiligen Temperatur ändert. Da die Masse bzw. Dichte der „drückenden" Luft mit der Höhe abnimmt, haben wir 500 m über dem Meeresspiegel schon fast 60 hPa weniger. Auf den Gipfeln des Kilimandscharo sind es nur noch gut 500 hPa, an der Obergrenze der Troposphäre wirken nur noch etwa 200 hPa. Das bedeutet, anders betrachtet, daß sich der größte Teil der atmosphärischen Luftmassen in der Troposphäre, der Wetterschicht, konzentriert.

Nicht nur beim Aufbau der gesamten Atmosphäre, sondern auch innerhalb der Troposphäre gibt es eine grundsätzliche Schichtung, nämlich die Abnahme der Lufttemperaturen und gleichzeitig des Luftdrucks von unten nach oben. Vom geheizten Zimmer wissen wir, daß warme Luft aufsteigt. Dabei dehnt sie sich aus, wird dünner, verliert also an „Innendruck" und zugleich an Temperatur. Somit paßt sie sich der Umgebungsluft an. Das Umgekehrte geschieht mit absinkender Kaltluft. Geht das störungsfrei vor sich, erreicht die Atmosphäre immer wieder ihren „Ruhezustand", die Verhältnisse sind **stabil** – und damit auch die Wetterlage. Dringen jedoch in unterschiedlichen Höhen – quasi von den Seiten – deutlich kältere oder wärmere Luftmassen ein, wird dieser Ausgleich nachhaltig gestört. Die Temperatur- und damit Luftdruckunterschiede in der Höhenschichtung werden wesentlich krasser, oder warme und kalte Bereiche wechseln ganz „untypisch" ab: es entsteht eine **labile** Atmosphäre und damit Wetterlage.

Hoch- und Tiefdruck

Das in unseren Breiten unweigerliche Aufeinandertreffen warmer Luft vom Äquator und polarer Kaltluft hat markante Konsequenzen für die Luftdruckverhältnisse. Im Einflußbereich dieser sogenannten **Frontalzone** entstehen großräumige Gebiete mit besonders hohem oder niedrigem Luftdruck, bekannt als Hoch- und Tiefdruckgebiete. Letztendlich sind dafür durch die Erddrehung abgelenkte Höhenwinde verantwortlich. Sie bewirken, daß in bestimmten Bereichen der Frontalzone weit oben Luft zu- oder weg„geweht" wird. Im letzteren Fall „verdünnt" sich die Luft bis zum Erdboden hin, es entsteht eine Art Trichter mit tiefem Druck. Das Umgekehrte passiert beim Hoch: Hier sammelt sich oben Luftmasse, wird bis zum Boden hin dichter, der Druck steigt.

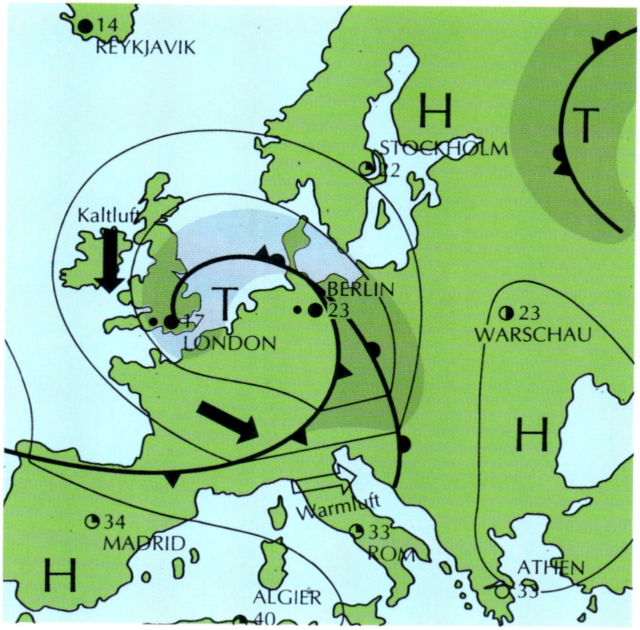

Solche Wetterkarten demonstrieren deutlich Form und Auswirkungen eines Tiefs. Die Linie mit runden Symbolen zeigt den Verlauf der Warmfront an, die mit Dreiecken die Kaltfront. Im dunkler getönten Bereich kommt es schließlich zur Okklusion.

Die Frontalzone ist keine starre Grenzlinie, sie kann sehr unterschiedliche Formen und Verläufe annehmen, die wiederum ganz verschiedene Bildungsorte der Hochs und Tiefs zur Folge haben. Ebenfalls bedingt durch die Erddrehung treten solche Gebiete – von oben gesehen – in annähernder Kreis- bzw. Ellipsenform auf. Dabei liegt jeweils im Zentrum ein Kern mit besonders hohem bzw. tiefem Luftdruck, darum ordnen sich „Ringe" mit abnehmenden bzw. zunehmenden Druckwerten an. In der Wetterkarte zeigt sich das an Linien, die Punkte gleichen Drucks verbinden, den sogenannten Isobaren. Das Hoch wird von Winden im Uhrzeigersinn umströmt, das Tief im Gegenuhrzeigersinn.

Ein **Hoch,** im Wetterbericht gern mit Männernamen belegt, ist meist eine angenehme Angelegenheit. Im Sommer und Herbst geht damit in der Regel warm-trockenes Wetter einher. Der Himmel wird höchstens von einigen hohen Federwölkchen oder Schönwetterwolken getrübt. Im Winter dagegen bringt uns ein Hoch Kälte und Frost, in Tälern auch anhaltenden Nebel. Vor allem in der kalten Jahreszeit kann ein Hoch eine weitere unerwünschte Begleiterscheinung zeigen. Wegen der nächtlichen Abkühlung in Bodennähe kehren sich dann die üblichen Verhältnisse um: Die Luft in der Höhe ist wärmer als unten – es entsteht eine **Inversion.** Der übliche Luftaufstieg ist gehemmt, die Inversion wirkt wie eine Sperre. Bei ruhigem Hochdruckwetter geht zudem kaum ein Lüftchen, so daß die untere Kaltluftschicht tagelang erhalten bleibt. Über Städten und Ballungsräumen reichert sie sich dann noch mit Schadstoffen an. Im Gemenge mit Rauch und Nebel entsteht unter einer Dunsthaube der gefürchtete Smog.

Die Meteorologie ist offensichtlich von Männern beherrscht, denn **Tiefs** werden meist mit Frauennamen benannt. Ein typisches Tiefdruckgebiet präsentiert sich folgendermaßen: An seiner Vorder- bzw. Ostseite liegt die Warmfront, hier führt es warme Luft nach Norden oder Nordost. Ihr Nahen ist meist mit zunehmender Bewölkung und Niederschlägen verbunden. Der nachfolgende Warmsektor bringt eine vorübergehende Aufheiterung und Wetterberuhigung. Doch recht bald folgt darauf die Tiefrückseite oder Kaltfront, verbunden mit kräftigem Druckanstieg und oft ebenso heftigen Schauern. Das Schlechtwetter in diesem Bereich des Tiefs läßt allerdings rasch nach. Doch währenddessen eilt die Kaltluft in Richtung der langsameren Warmfront voran, um sich schließlich mit ihr zu vereinigen. Bei dieser sogenannten Okklusion vereinigen sich auch die Negativwirkungen des Tiefs: Starke Bewölkung und Niederschläge sind die Folge.

Luftige und wäßrige Tatsachen

Bei Niederschlägen und Wolkenbildung kommt schließlich der Wasserdampf ins Spiel. Er findet sich, wie

erwähnt, nur in der Troposphäre und macht sie damit zur „Wetterschicht". Der Gehalt an Wasserdampf bestimmt die Luftfeuchte; dabei ist die tatsächliche Menge (angegeben in g/m^3 Luft) des gasförmigen Nasses Nebensache. Viel mehr interessiert die Obergrenze der Luftfeuchte, ab der sich Teile des überschüssigen Dampfes in Tröpfchen umwandeln. Diese Grenze, **Taupunkt** genannt, ist relativ, denn sie hängt von der Temperatur der Luft ab. Warme Luft kann wesentlich mehr Wasserdampf aufnehmen als kalte, erst bei hohen Feuchtemengen erreicht sie ihren Taupunkt. Man spricht dann auch von einem Sättigungsgrad von 100 %. Entsprechend wird die relative Luftfeuchte in Prozent angegeben (vgl. auch „Luftfeuchtemesser", S. 48).
Wird überschüssiger Dampf nach Überschreiten des Taupunkts flüssig, kondensiert er in feinen Tröpfchen, wie wir es z. B. von der kühlen Gewächshausscheibe kennen, und gibt dabei wieder Energie frei, die die nächste Umgebung erwärmt. Im Wettergeschehen spielt schließlich auch die dritte, die feste Form des Wassers, eine Rolle – das Eis. Beim direkten Übergang von Wasserdampf in Eis entstehen Kristalle, entscheidend für die Wolken- und Regenentwicklung.

Wolken und die Folgen

Bis zum Erreichen des Taupunkts kann sich die relative Luftfeuchte auf zweierlei Weise erhöhen: entweder durch Zuführung weiteren Wasserdampfs oder durch Abkühlung der Luft. Letzeres kommt beim Wettergeschehen wesentlich häufiger vor; denn wir wissen ja, daß sich Luft mit der Höhe abkühlt, somit sinkt die Aufnahmefähigkeit für Wasserdampf und damit die Wahrscheinlichkeit, daß sich Wassertröpfchen zum Gebilde einer Wolke vereinigen.
Nach Erreichen des Taupunkts kann sich der Wasserdampfüberschuß in verschiedener Form äußern. Auf der Erdoberfläche und auf Pflanzen schlägt er sich als **Tau** nieder, fallen die Temperaturen unter Null, sieht man statt dessen eine Reifschicht. Tröpfchenbildung in bodennaher Luftschicht wird als **Nebel** sichtbar, in höheren Luftschichten schließlich können Wolken entstehen. Ob und in

***„Nicht jede Wolke regnet."* Diese Bauernregel gilt auch für solche Schönwettercumuli.**

welcher Höhe das geschieht, hängt von den Temperaturen und Temperaturunterschieden in der Atmosphäre ab. Eine schnelle Aufwärtsbewegung der Luft, verbunden mit sogenannten Aufwinden, ist ein recht sicherer Garant für Wolkenbildung mitsamt nachfolgenden Schauern oder Gewittern.
Doch die Wassertröpfchen der Wolken sind noch lange keine Regentropfen. Mit zunehmender Höhe, also immer kälteren Atmosphärenbereichen, gefrieren sie zu Eiskristallen. Eine Wolke enthält deshalb meist ein veränderliches Gemisch aus Wassertröpfchen, Eiskristallen und Wasserdampf. In den kalten Höhenschichten wird der Taupunkt immer schneller erreicht; dabei wandelt sich der Wasserdampf gleich in Eiskristalle um. Diese ballen sich zusammen, bilden immer größere Kristalle, bis sie so schwer werden, daß sie ausfallen. In der wärmeren Luft unter der Wolke wandeln sie sich in Regentropfen. Allerdings: Bei sehr warmer Luft verdunsten diese schon in der Atmosphäre. Ist dagegen die Luft in und unter der Wolke sehr kalt, fallen sie als Schnee.

Schwarze Wolken, schwere Wetter

Wolkenformationen und ihre Entwicklung gehören zu den wichtigsten Anhaltspunkten für die lokale Wettervorhersage. Allerdings ist die Wolkenbeobachtung und -deutung anfangs nicht ganz einfach. Selten präsentieren sie sich am Himmel so eindeutig wie auf den Abbildungen in Büchern. Oft treten sie in kunterbunter Gesellschaft auf, manchmal in Ausprägungen, die kaum irgendwo beschrieben sind. Schließlich spielt ja auch der Wind eine gewichtige Rolle, bewegt Wolken weit weg von ihrem Ursprungsort, wobei diese sich „auf Reisen" wiederum gewaltig verändern können.
Davon sollte man sich nicht entmutigen lassen. Die Übung hilft mit der Zeit, die wichtigsten Wolkengestalten zu erkennen und zu trennen. Ebenso wird man recht bald herausfinden, welche Auswirkungen die verschiedenen Formationen vor Ort haben.
Für den Einsteiger können schon Großvaters Wetterregeln etwas Orientierung bieten. Sie bringen frühe Erkenntnisse der Wolkenbeobachtung schlicht, aber treffend auf den Punkt, wie bereits die Kapitelüberschrift zeigt. Erwähnenswert sind zudem zwei weitere wichtige „Grundregeln":

- *Trübe Wolken und großer Wind selten ohne Regen sind.*
- *Frühe Gäste gehen auch früh, Mittagsgäste bleiben bis zum Abend.*

Manche Bauernregeln lassen sich auch gut mit einer differenzierten Wolkensystematik in Beziehung setzen.

Die Ordnung der Wolken

Wichtig für die Einordnung ist zunächst die Unterscheidung der Wolkenstockwerke, denn die Zuordnung zur Höhe am Firmament macht das Bestimmen leichter. Von unten nach oben steigt dabei der Anteil an Eiskristallen, die hohen Formationen nennt man deshalb auch Eiswolken. Die Namensbestandteile der Wolkengattungen – die den Gärtner an die botanischen Pflanzengattungen erinnern – geben zudem Auskunft über die Form: „cirrus" bedeutet schleierförmig, „stratus" schichtartig, „cumulus" steht für die rundliche Haufenform. Wie bei den Pflanzen gibt es darunter verschiedene Arten, deren genaue Beschreibung allein ein Buch füllen würde.

Cirren, Federwolken

Hohe Wolken (6–13 km Höhe)
Cirrus (Federwolken): weiß, von faseriger Gestalt, wirken „windzerzaust"; als zarte, durchsichtige weiße Fäden, schattenlose Flocken, Bänder und Büschel. Aus diesen hohen Eiswolken selbst fällt kein Regen; so heißt es auch: *Weiße Wolken befeuchten die Erde nicht.* Die spezielle Ausprägung mit kommaähnlichen Haken oder Krallen kündet jedoch eine Wetterverschlechterung an. Dasselbe gilt für eine zunehmende Verdichtung, oft im Verein mit anwachsenden Haufenwolken: *Wenn der Himmel gezupfter Wolle gleicht, Schönwetter bald dem Regen weicht.* Feine Federwolken bei herrschendem Hochdruck dagegen sind „Schönwettercirren". Weil die Wetterbedeutung der Cirren längst nicht so eindeutig ist, wie manchmal angenommen, formulierten Meteorologen einen neueren Merkspruch mit „Bauernregelqualität": *In den Menschen und den Cirren kann man sich irren.*
Cirrostratus (Schleierwolken): dünne, weißliche Wolkenschleier, faserig oder milchig glatt; Sonne und Mond scheinen durch, oft mit Haloerscheinungen (vgl. S. 43). Ein rascher Aufzug bringt Wetterverschlechterung, vor allem, wenn der Luftdruck fällt.
Cirrocumulus (feine Schäfchenwolken): kleine weiße Flocken oder Bällchen, meist in Reihen, wellenartig oder in ähnlich regelmäßiger Anordnung gruppiert. Sie entstehen auf der Vorderseite und am Rand einer Wetterstörung und kündigen deshalb häufig eine Verschlechterung, teils auch Gewitter, an.

Auf ähnliche Weise wie Wolken entstehen in den hohen Luftschichten die Kondensstreifen, hervorgerufen durch Wasserdampfabgabe und Luftverschmutzung der Flugzeugtriebwerke. Lösen sie sich bald wieder auf, deutet das auf beständiges Hochdruckwetter hin. Bleiben sie länger am Himmel, können sie sich zu Cirren, Cirrostratus und Cirrocumulus „auswachsen", es droht eine Wetterverschlechterung.

Mittelhohe Wolken (2–6 km Höhe)
Altocumulus (grobe Schäfchenwolken): Felder oder Schichten von flachen Ballen, Walzen oder schuppenartigen Teilen, teils auch fasrig, flockig; an der Unterseite häufig dunkel bzw. gräulich. Oft Wetterverschlechterung, vor allem bei raschem Nahen aus Südwest. Entwickeln sich aus dieser Wolkenschicht am Morgen turmähnliche Quellungen, ist mit Gewitter zu rechnen.
Altostratus (mittelhohe Schichtwolken): graue oder bläuliche Felder oder Schichten, wenig strukturiert, die den Himmel weitgehend bedecken. Altostratus bedeutet in aller Regel anhaltende Wetterverschlechterung, oft mit Regen oder Schnee verbunden.

Tiefe Wolken (0–2 km Höhe)
Stratocumulus (Haufenschichtwolken): die häufigste Wolkenart; Schollen, Ballen oder Walzen, unregelmäßig oder in Schichten, Bändern, Feldern; grauweißlich mit dunkler Unterseite. Trotz ihres bedrohlichen Aussehens bringen diese Wolken selten Niederschläge. Wenn sich zwischen ihnen Lücken öffnen und blauer Himmel durchscheint, ist mit beständiger Wetterbesserung zu

Altocumulus, darüber ein sich verdichtender Cirrostratus

Stratocumulus, tiefe Haufenschichtwolken

rechnen: *Je weißer die Schäfchen am Himmel stehen, desto länger bleibt das Wetter schön.*
Stratus (tiefe Schichtwolken, Hochnebel): einförmig graue Wolkenschicht, milchig bis schleierartig, nebelähnlich. Sie weist vor allem im Herbst und Winter auf anhaltend trübes Wetter hin und bringt oft Sprühregen. Bildet sie sich bei hoher Luftfeuchte im Sommer, droht Gewitter.

Wolken mit großer vertikaler Erstreckung (0–13 km)
Nimbostratus (Regenwolken): meist den ganzen Himmel überziehende graue, dunkle, dichte Wolkenschicht, aus der anhaltend Regen oder Schnee fällt. Mit den sprichwörtlichen schwarzen oder dunklen Regenbringern in den Bauernregeln ist wohl in erster Linie diese Wolkenform gemeint. Auf eine häufig zu beobachtende Entwicklung weist folgender Merkspruch hin: *Wenn die Wolken regnen, so senken sie sich.* Häufig setzt sich die Schichtwolkenbildung von oben nach unten fort, von Cirrostratus über Altostratus bis zur Unterseite des Nimbostratus, der dunkel und grau den ganzen Himmel überzieht; darunter sind oft noch ebenso graue Wolkenfetzen zu sehen. Zeichnen sich im Einheitsgrau allmählich Strukturen ab, ist ein Ende des Dauerregens absehbar.
Cumulus (Haufen-, Quellwolken): einzelne, rundliche, scharf abgegrenzte Wolken, als kleine Haufen und Hügel formiert (siehe Foto S. 38). Bleiben sie niedrig und abgeflacht, tragen sie zu

Cumulus congestus heißen solche hochquellenden Haufenwolken, die von Wetterverschlechterung künden.

Recht die Bezeichnung „Schönwettercumuli“. Wachsen sie aber turmartig, oft blumenkohlähnlich, nach oben, entstehen größere Gebilde mit glatter, dunkler Unterseite, so ändert sich das Wetter rasch und bringt im Sommer Schauer oder Gewitter. Ausgangspunkt ist häufig frühmorgendlicher Nebel, aus dem die ersten Haufenwolken entstehen: *Eine kleine Wolke kann großen Regen bringen.* Schichten sie sich zu ganz hohen Türmen auf, denen Cirren vorauseilen, gilt die „verschärfte“ Version der Wetterregel: *Eine kleine Morgenwolke macht oft ein großes Abendgewitter.* Umgekehrt können sich größere Gebilde aber auch im Laufe des Tages auflösen: *Wenn große Wolken sich verkleinern, ist schönes Wetter zu erwarten.*

Cumulonimbus (Gewitter-, Schauerwolken): beeindruckende Wolkengebilde, die sich turmartig vom Horizont bis in die Höhe der Federwolken erstrecken. Als nahe Verwandte der Cumulus-Aufquellungen lassen sie Schauer, Gewitter oder auch Hagel erwarten.
Ein typisches Anzeichen für Schlechtwetter ist schließlich auch der sogenannte chaotische Himmel mit wildem Durcheinander vieler Wolkenformen, oft verbunden mit intensiver Färbung.

Wolkenverwandte: Nebel und Tau

Nebel und Tau entstehen, wie erwähnt, auf dieselbe Weise wie die Wolken, wobei die Wassertröpfchen über bzw. am Boden kondensieren. *Wenn Gott es nicht regnen läßt, so läßt er's tauen,* bemerkt dazu eine Bauernregel. Ursache ist die nächtliche Abkühlung der Erdoberfläche, die den Taupunkt der bodennahen Luft senkt. Zur Nebelbildung kommt es oft unter Hochdruckeinfluß, in wind- und wolkenarmen Nächten, denen zumeist sonnige Tage folgen. Entsprechend heißt es: *Auf gut Wetter vertrau, beginnt der Tag nebelgrau.*
Ganz ähnlich verhält es sich mit Tau oder seiner winterlichen Variante, dem Reif: *Reif und Tau machen den Himmel blau.* Dabei vermag Morgentau an sonst trockenen Sommertagen auch positive Wirkung auf die Pflanzen zu zeigen: *Ein guter Tau ist so viel wert als ein schlechter Regen.*
Reicht jedoch die Kraft der Sonne nicht, Nebel durch Verdunstung wieder aufzulösen, oder wird er durch Luftbewegung nach oben getragen, können sich Wolken entwickeln: *Steigt Nebel empor, steht Regen bevor.* Umgekehrt weist sich senkender Nebel auf beständiges Wetter hin.
Im Winter bedeuten all diese Vorzeichen, dem klaren Hochdruckwetter entsprechend, allerdings auch erhöhte Frostgefahr. Anders ist es, wenn längere Frostperioden vorausgingen: Nebel, Tau und Reif sind dann Anzeichen für erhöhte Luftfeuchte, die mit Tauwetter einhergeht.

Himmelszeichen und Wetterboten

Neben Wolken, Nebel und Tau gibt es eine Vielzahl weiterer Zeichen am Himmel und in der Natur, die helfen, die Wetterentwicklung abzuschätzen.
„Schlechtwetterboten" können dabei für Gärtner durchaus positive Signale setzen; denn meist künden sie ja von Regenfällen, die oft erwünscht, in längeren Trockenzeiten sogar ersehnt sind. Insofern darf man einen bekannten Spruch neueren Datums ebenfalls als Gärtner- und Bauernregel einstu-

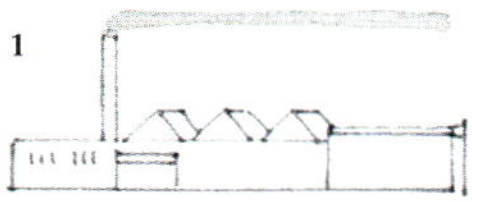

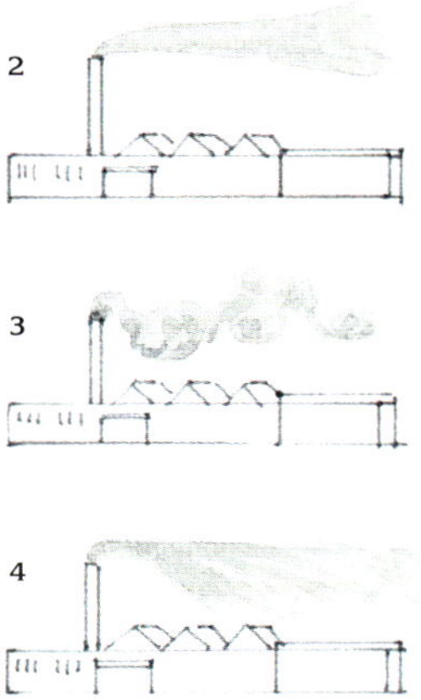

Rauchfahnen geben Hinweise auf die Atmosphärenschichtung: 1. stabil; 2. leicht labil; 3. labil; 4. Inversion mit stabiler Schichtung in der Höhe.

fen: *Es gibt kein schlechtes Wetter, nur falsche Kleidung.*

Das Wetter morgen . . .

. . . wird so sein wie heute. Obwohl dieser Merksatz oft als Beispiel für die Unverbindlichkeit von Bauernregeln herhalten muß, macht er eine grundlegende Tatsache bewußt: Das Wetter hat eine sogenannte Erhaltungsneigung. Besonders ausgeprägt kennen wir das von den Hochdruckwetterlagen im Frühherbst und Winter. Doch auch zu den übrigen Jahreszeiten erreicht man mit der genannten „Vorhersage" leicht eine Trefferquote über 70 % – sofern keine prägnanten Anzeichen für einen Wechsel bevorstehen. Daß diese Beständigkeit von Wetterlagen nur in Ausnahmefällen für längere Zeiträume gilt, thematisiert eine andere Regel: *Montagswetter wird nicht wochenalt.*

Wetterbeständigkeit ist eine Frage der Luftdruckverhältnisse und -schichtungen, die, wie beschrieben, stabil oder labil sein können. Wichtige Anhaltspunkte dafür gibt uns das Barometer (vgl. S. 48). Doch während der kalten Jahreszeit kann man sich auch gut an Rauchfahnen aus den Schornsteinen orientieren, wie die nebenstehende Abbildung zeigt. Die Art der Rauchentwicklung zeigt sogar Inversionen an, also die Überlagerung kalter Luft durch eine warme Sperrschicht. Wenn letztere stabil ist, kommt es leicht zur gefürchteten Smogbildung (vgl. S. 34). Auf beständiges Hochdruckwetter deuten auch anhaltende Winde aus östlicher Richtung hin – und damit sind wir bei einer wichtigen Gesellschaft von Boten der Wetteränderung angelangt: den Winden. Nicht umsonst lautet eine sehr alte, sehr richtige Bauernregel: *Ander Wind – ander Wetter.*

Woher der Wind weht

Wie eingangs erläutert, entstehen Winde aufgrund von Ausgleichsbewegungen zwischen warmer und kalter Luft. Temperaturunterschiede bewirken Luftdruckunterschiede, und die sind es, die den Wind in Gang setzen. Dabei läßt ein großes Druckgefälle zwischen nebeneinanderliegendem Hoch und Tief den Wind besonders kräftig wehen und zudem drehen, wenn z. B. ein ausgeprägtes Tiefdruckgebiet im Anmarsch ist: *Dreht zweimal sich der Wetterhahn, zeigt er Sturm und Regen an.* Einem Tief aus Westen gehen in der Höhe häufig Cirren voraus, während der Wind noch aus südöstlicher Richtung weht: *Ziehen die Wolken dem Wind entgegen, gibt's am andern Tage Regen.*

Die im Kapitel „Bewegte Luftreisen" (vgl. Seite 28) beschriebenen Herkünfte und Wege der wichtigsten Luftmassen lassen schon ahnen, welchen Charakter die Winde aus den verschiedenen Himmelsrichtungen haben. Sehr schön faßt das eine bekannte Bauernregel zusammen: *Ostwind bringt Heuwetter* (trocken), *Westwind Krautwetter* (feucht), *Südwind Hagelwetter* (warm), *Nordwind Hundewetter* (kühl). Das „Hagelwetter" spielt dabei auf die sommerliche Gewitterneigung an, wenn schwülwarme Luft aus Süd oder Südwest einströmt. Über letztere Windrichtung heißt es auch: *Südwest – Regennest.*

Entsprechend ihrer Häufigkeit in unseren Breiten sind den West- und Ostwinden die meisten Bauernregeln gewidmet, wie etwa: *Wind von Sonnenaufgang ist schönen Wetters Anfang, Wind von Sonnenuntergang ist Regen Anfang.* Besonders Westwind, der am Abend noch auffrischt, ist ein deutlicher Wink, daß die Gießkanne nicht zum Einsatz kommen muß.

Gerade bei diesen beiden Winden sind jedoch die Temperaturwirkungen je nach Jahreszeit recht unterschiedlich. Der regenschwangere Westwind kommt uns nur im Sommer kühl, in der kalten Jahreszeit führt er dagegen mildere Luft heran. Dagegen fallen im Gefolge trockener Ost- und Nordostwinde die winterlichen Temperaturen, vor allem bei klarem Hochdruckwetter: *Weht's aus Ost bei Vollmondschein, stellt sich strenge Kälte ein.*

Farben und Formen am Himmel

Es verwundert nicht, daß eindrucksvolle Himmelsfärbungen und -zeichnungen früher gern als Zeichen der Götter interpretiert wurden. Doch man hat auch zeitig erkannt, daß solche Phänomene einiges über das kommende Wetter verraten, insbesondere, was die Niederschläge angeht. Denn bei den verschiedenen Farbwirkungen spielen oft Wassertröpfchen oder Eiskristalle in Luft und Wolken eine Rolle.

Das sichtbare Licht setzt sich aus violetten, blauen, grünen, gelben, orangen und roten Strahlen zusammen; nur wenn all diese Spektralfarben gemein-

Ein Regenbogen am Morgen deutet auf heranziehende Schauer hin.

sam und gleichmäßig zu unserem Auge gelangen, erscheint uns das Sonnenlicht weiß. Sein blauer Anteil wird tagsüber durch die Atmosphärenluft am stärksten gestreut, deshalb die typische Himmelsfärbung.

Morgens und abends ist jedoch der Einfallswinkel flacher und der Weg der Sonnenstrahlen länger. Deshalb treten bei Sonnenauf- und -untergang die roten und gelben Töne mehr in den Vordergrund. Verstärkt werden diese Färbungen bei hohem Wasserdampfgehalt der Luft. *Morgenrot – Schlechtwetter droht* hat deshalb vielfach seine Berechtigung, vor allem, wenn es von stark leuchtenden Cirren und Cumulus-Wolken begleitet wird. Mit dem Abendrot als *Gutwetterbot'* ist es dagegen so eine Sache. Ob sich der Wasserdampf in der kühlen Nachtluft als Tau oder Reif niederschlägt, um dann am nächsten Tag in der Sonne zu verdunsten – das hängt am wenigsten von der Himmelsfärbung ab. Näheres verrät erst der nächste Morgen: *Abendrot und Morgenhell sind ein guter Reisegesell.*

Regenbogen am Morgen macht dem Schäfer Sorgen, Regenbogen am Abend ist dem Schäfer labend – eine der wenigen überlieferten Schäferregeln hilft zu orten, welchen Weg Regenschauer nehmen. Ein Regenbogen entsteht durch Brechung und Reflexion der Sonnenstrahlen an Regentropfen, die ein gutes Stück entfernt fallen. Reflexion heißt Rückstrahlung, ihr Ausgangsort liegt also dem Betrachter gegenüber, der die „Hinstrahlung" der Sonne im Rücken hat. Ein Regenbogen gegenüber der östlichen Morgensonne kündigt demnach Schauer aus Westen an, während dieselbe Erscheinung am Abend zeigt, daß die Schauerwolken nach Osten abziehen.

Sogenannte Haloerscheinungen (siehe Foto S. 11), das sind helle oder farbige Ringe um die Sonne, manchmal auch um den Mond, entstehen ebenfalls durch Lichtbrechung und -reflexion. Bewirkt wird dies durch die Eiskristalle hoher Schicht- oder Schleierwolken (Cirrostratus), die eine Wetterverschlechterung anzeigen. Manchmal sieht man statt der Ringe Lichtsäulen, die ober- und unterhalb der Sonne spitz auslaufen. Andere ringförmige Erscheinungen sind Sonnen- oder Mondhöfe, auch Kränze

genannt. Ihre Ursache ist die Lichtbeugung in dünnen Wasserwolken, die normalerweise kaum Niederschläge bringen.
Insofern treffen nicht alle Bauernregeln zu, die solche Höfe oder Ringe als Schlechtwetterboten benennen, aber damit nicht immer dieselbe Erscheinung meinen. Ein aufmerksamer früherer Beobachter hat allerdings den Unterschied zwischen Hof und Halo sehr genau formuliert: *Ist der Ring nahe Sonne und Mond, uns der Regen verschont; ist der Ring aber weit, hat er Regen im Geleit.* Tatsächlich zeigt auch der Hof im Gegensatz zum Halo einen ausgeprägten, weiß leuchtenden inneren Kranz um Sonne oder Mond.

Pflanze, Tier und Wettergespür

Kein Zweifel, manche Pflanzen und Tiere spüren, wenn etwas „in der Luft liegt". Tatsächlich reagieren einige Lebewesen sehr früh auf Änderungen von Luftdruck, -feuchte oder -elektrizität sowie der Sonneneinstrahlung. Besonders ausgeprägt ist dieses Verhalten bei „luftigen" Tieren, den Insekten: *Wenn am Stock die Bienen bleiben nah, ist der Regen schon bald da.* Ebenso: *Wenn die Mücken im Schatten spielen, werden wir bald Regen fühlen.*
Bekannt ist auch die aufgeregte Tätigkeit lästiger Stechmücken und Bremsen bei bevorstehendem Unwetter. Das bewirkt Flucht- und Abwehrreaktionen beim lieben Vieh und macht es damit indirekt zum Wetterpropheten: *Hält die Kuh das Maul nach oben im Lauf, so zieht bald Gewitter auf.* Ähnlich verhält es sich mit dem berüchtigten Wetter-Laubfrosch, der mit seinem Gutwetteraufstieg an Sträuchern und Bäumen seinen Beuteinsekten folgt. Jene halten sich bei nahendem Schlechtwetter in Bodennähe auf, bei gutem Wetter dagegen trägt sie die aufsteigende Warmluft nach oben. Das erklärt auch das Verhalten insektenjagender Vögel: *Wenn die Schwalben niedrig fliegen, wird man Regenwetter kriegen; fliegen sie bis in die Höh'n, bleibt das Wetter weiter schön.*
Doch auch die Vögel selbst sind luftige Wesen mit feinem Gespür: *Möwen in't Land – Unwetter vor der Hand.* Oder:

***„Fliegen Schwalben in die Höh'n . . ."* – dann folgen sie Insekten, die in warmen Luftblasen emporsteigen.**

Morgens lauter Finkenschlag deutet einen Regentag. Die Hitliste der Wettertiere führt natürlich der *Hahn auf dem Mist* an. Wenn er kräht, ändert sich – wie wir wissen – das Wetter, oder es bleibt, wie es ist. Etwas mehr als der Ort verrät jedoch die des Art Krähens: *Wenn der Hahn die Stund' nicht halt, ändert sich das Wetter bald.* Da, so sagen Hühnerhalter, ist durchaus etwas dran.
Daß viele Pflanzen kommenden Regen anzeigen, hat erstaunlicherweise kaum entsprechende Bauernregeln gezeitigt. Beispiele für pflanzliche und weitere tierische Regenkünder sind im Monatskapitel Juli (S. 108) genannt. Auch auf Kälte und Wärme reagieren manche Pflanzen äußerst feinfühlig. Im Frühjahr schließen Krokusse und Tulpen schon bei Temperaturrückgängen, die unser Thermometer noch gar nicht erfassen kann, ihre Blüten.

Späte Fäden und Winterkünder

Eine besondere Rolle in Großvaters Wetterregeln spielt ein manchmal ungeliebtes Tier: *Wenn die Spinnen weben im Frei'n, kann man sich lange schönen Wetters erfreuen. Doch reißt das Netz der Spinn' entzwei, kommt der Regen bald herbei.* Sicher kein reiner Aberglaube – die bei milder Witterung bis in den Herbst hinein gesponnenen Fäden haben wohl auch dem Altweibersommer ihren Namen gegeben (vgl. S. 124). Gesteigerte Spinnenaktivität läßt zudem auf schöne Tage hoffen: *Wenn die Spinnen Wäsch' aufhängen, kommt gutes Wetter.* Manche Vögel ahnen früh voraus, wann der Zeitpunkt gekommen ist, wärmere Gefilde aufzusuchen: *Ziehen die wilden Gäns' und Enten fort, ist der Winter bald am Ort.* Steht wegen besonders starker Abkühlung im polaren Bereich ein strenger Winter bevor, merkt man das an der Küste frühzeitig an Besuchern vom Nordmeer und Skandinavien: *Wenn fremde Wandervögel nahn, deutet's große Kälte an.* Andere Zeichen der Natur, die Milde oder Strenge des kommenden Winters vorhersagen sollen, ließen sich bislang nicht bestätigen oder wurden gar durch gründliche Untersuchungen widerlegt.

Spinnennetz und Morgentau: für unsere Vorfahren untrügliche Zeichen, daß herbstliches Schönwetter anhält.

Die eigene Wetterstation

Anders als unsere bäuerlichen Vorfahren können wir heute unsere Beobachtungen mit Messungen der Wetterelemente verknüpfen. Gartenfachhandel, Baumärkte und Kaufhäuser bieten brauchbare Meßgeräte zu erschwinglichen Preisen an, und so manches Wetterutensil fügt sich auch ganz dekorativ in den Garten ein.
Zuweilen werden auch komplette Wetterstationen für den Hausgebrauch angeboten, sogar in elektronischer Ausführung mit digitaler Anzeige. Hier sollte man sich vor dem Kauf sehr genau erkundigen, was die Geräte im einzelnen bringen, gerade auch unter Freilandbedingungen.

Thermometer

Für unsere Zwecke kommt natürlich nur ein „wetterfestes" Außenthermometer in Frage. Unbedingt empfehlenswert ist ein Minimum-Maximum-Thermometer. Man kann darauf nicht nur die aktuelle Temperatur ablesen, sondern auch die vorangegangene Höchst- und Tiefsttemperatur. Dazu hat das Min-Max-Thermometer gleich zwei, nebeneinander angeordnete Skalen. Normalerweise ist die rechte die Maximum-Skala, die wie ein gewohntes Thermometer funktioniert: Steigt die Lufttemperatur, schiebt sich die Quecksilbersäule nach oben. Die linke Minimum-Skala steht gewissermaßen auf dem Kopf, die Minustemperaturen sind oben aufgetragen; hier fällt die Säule, wenn es wärmer wird.
Im Röhrchen über jeder Säule befindet sich ein Metallstift, in der Ausgangsstellung jeweils direkt auf den Quecksilbersäulen. Steigt nun die Temperatur, schiebt die rechte Säule ihren Stift nach oben. Fällt sie wieder, kann man wie gewohnt die Momentantemperatur ablesen; doch der Stift bleibt dank

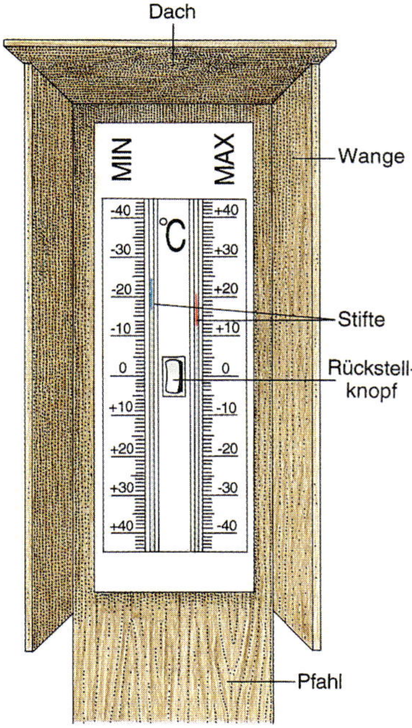

Solch ein einfaches „Häuschen" schützt das Thermometer, hier in der empfehlenswerten Min-Max-Ausführung, vor verfälschenden Einflüssen.

eines Magnets auf dem Niveau der zuletzt gemessenen Höchsttemperatur hängen. Auf dieselbe Weise gibt die Stellung des blauen Stifts links die Tiefsttemperatur der letzten Zeit an. Durch Druck auf eine Taste gibt der Magnet die Stifte frei, sie rutschen wieder direkt auf die Quecksilbersäulen.

Das Thermometer gibt nur zuverlässige Auskunft, wenn es unbeeinflußt von besonderen Wärme- oder Kälteeffekten die Lufttemperatur mißt. Direkte Sonneneinstrahlung, kalte Winde oder die Verdunstungskälte von Regen verzerren die Meßergebnisse ebenso wie eine warme Hauswand. Optimal ist die freistehende Aufstellung an einem windgeschützten, etwas beschatteten Gartenplatz. Dazu schlägt man eine breite, unten zugespitzte Latte so in den Boden, daß sie die Erdoberfläche 1,50–2 m überragt. Oben wird das Thermometer in Nordrichtung befestigt, zwei seitlich angebrachte Brettchen schützen vor Witterungseinflüssen. Ist das Instrument nicht bereits mit einem Dach versehen, kommt oben ein Querbrett hinzu.

Barometer

Ein gutes Barometer ist nicht billig; doch da es mit dem Luftdruck die wichtigste Vorhersagegröße anzeigt, kann sich die Anschaffung durchaus lohnen. Für den normalen Gebrauch empfehlen sich die oft angebotenen Dosenbarometer (Aneroidbarometer). Bei diesen werden luftleer gepumpte Metalldosen je nach Stärke des Luftdrucks zusammengepreßt. Eine Feder überträgt die Reaktion der elastischen Dosenoberfläche auf einen Zeiger, der sich dann auf einer meist kreisförmigen Skala bewegt. Da der Zeiger den Luftdruckänderungen etwas träge folgt, muß man vorsichtig auf die Abdeckungsscheibe klopfen, um den aktuellen Stand ablesen zu können.

Die Skala zeigt Werte in hPa (Hektopascal) an, der Maßeinheit für den Luftdruck. Steht dort statt dessen die frühere Einheit mbar (Millibar), ist das kein Problem: 1 hPa = 1 mbar.

Angaben in Wetterkarten beziehen sich stets auf den Luftdruck auf Meeresniveau (NN), der im Mittel 1013 hPa beträgt (vgl. S. 32). Um vergleichbare Meßwerte zu erzielen, müssen Sie das Barometer auf die Höhenlage Ihres Wohnorts eichen, das heißt, die Grundstellung des Zeigers entsprechend ändern. Dabei wird man Ihnen in einem guten Fachgeschäft helfen; auch das jeweils zuständige Wetteramt kann Auskunft zur aktuellen, ortsgebundenen Luftdruckhöhe geben.

Die oft der Skala aufgedruckten Symbole oder Beschriftungen für „schön", „veränderlich", „trocken" usw. geben nicht allzuviel her, weil nicht der aktuelle Zeigerstand, sondern die Luftdruckänderung entscheidend ist. Schnelle Barometersprünge zeigen nur eine kurzzeitige Wetteränderung an, ein rapider Abfall deutet dabei auf Sturm, Gewitter oder Hagel hin. Ein langsames, stetiges Absinken, oft mit zunehmender Wolkenbildung verbunden, beschert uns anhaltendes

Schlechtwetter. Sonnig und trocken wird's bei allmählich steigendem Luftdruck, im Winter allerdings oft auch klirrend kalt oder – ebenso wie im Herbst – neblig. Langsame Änderungen deuten ebenso wie gleichbleibender Barometerstand auf beständige Wetterlagen hin.

Luftfeuchtemesser

Auch Geräte zur Luftfeuchtemessung zählen schon eher zum Luxus für den engagierten Wetterbeobachter. Beim sogenannten Hygrometer nutzt man die Eigenschaften bestimmter Kunststoffe, sich je nach Luftfeuchte zu dehnen bzw. zu straffen. Ähnlich funktionierten die früher sehr beliebten Wetterhäuschen. Das Psychrometer dagegen besteht aus zwei Thermometern, von denen eines mit einem feuchten Tuch umwickelt ist. Dessen Feuchte verdunstet bei trockener Umgebungsluft, entzieht also beim umhüllten Thermometer Wärme. Die gemessene Temperatur fällt, umgekehrt steigt sie, wenn die Luftfeuchtigkeit zunehmt. Die aktuelle Luftfeuchtigkeit läßt sich dann durch einen Vergleich mit dem unverhüllten Thermometer und mit Hilfe einer speziellen Tabelle ermitteln.

Eine hohe relative Luftfeuchtigkeit nahe 100 % läßt – wen wundert's – Regen erwarten, bei schnell fallenden Temperaturen gilt das auch für weniger hohe Werte. Bei 50 % Luftfeuchte dagegen muß man im Sommer schon öfter zu Gießkanne oder Schlauch

Luftfeuchtemessung in der Natur: Die Blüten der Sternmiere reagieren früh auf Änderungen und schließen sich bei bevorstehendem Regen.

greifen, vor allem, wenn das Barometer keine Änderungen anzeigt. Luftfeuchtemessungen sind für uns Gärtner natürlich auch im Gewächshaus sowie bei der Pflanzenanzucht und Zimmerpflanzenpflege interessant. Mit oft nur 30 % Luftfeuchtigkeit in beheizten Räumen ist es für empfindliche Pflanzen oder Sämlinge meist zu trocken, 60–90 % wären optimal.

Regenmesser

Obwohl High-Tech auch vor der Niederschlagsmessung nicht halt macht, ist man mit den preiswerten, handels-

üblichen Regenmessern gut bedient. Es handelt sich um einfache Auffanggefäße aus Plastik mit einer mm-Skala, denn die Regenmenge wird in Millimeter gemessen. 1 mm Niederschlagshöhe entspricht hierbei 1 Liter Wasser je m² Bodenfläche.
Als Anhaltspunkte: An einem ausgesprochenen Regentag können durchaus 50 mm und mehr fallen. Für gründ-

„*Ein Tag Regen tränkt sieben dürre Wochen*" – und der Regenmesser gibt genaue Auskunft, ob's solange reicht.

liches Gießen in größeren Abständen, wie es sich bei Sommertrockenheit empfiehlt, gilt der Richtwert 10 mm. Das wäre also eine 10-Liter-Gießkanne pro m².
Zu den Regenmessern gehört normalerweise eine Aufhängevorrichtung, mit der man das Auffanggefäß an einem 1 m hohen Pfahl im Garten plaziert. Der Standort muß windgeschützt sein und darf nicht im Regenschatten des Hauses, Geräteschuppens oder großer Bäume liegen. Aber auch ein prallsonniger Platz ist ungeeignet, denn bei Wärme verdunstet das Wasser im Sammelgefäß recht schnell.

Windbeobachtung

Bei der Beobachtung des Windes interessiert zunächst einmal die **Windrichtung.** Diese zeigt uns z. B. der rotweiß-gestreifte Seglerwindsack an; daneben gibt es auch hübsche Windsäcke und -fahnen in bunten Farben. Möglichst hoch und frei, heißt hier die Devise für die Aufhängung. Will man ganz genau wissen, woher der Wind weht, gibt ein Kompaß präzise Auskunft. Tatsächlich ist ja das Woher entscheidend: Wird der Windsack gen Osten geblasen, herrscht Westwind vor. Ein Windrichtungsmesser mit

Schönes Wetterutensil: ein fröhlich-bunter Windsack

Windstärke	Bezeichnung	Auswirkung
0–1	Windstille, leichter Zug	Rauch steigt (fast) gerade auf
2–5	leichte bis frische Brise	spürbarer Wind; Windfahnen, Blätter, Zweige, bei 5 auch kleine Bäume, werden bewegt
6–8	starker bis stürmischer Wind	große Äste und Bäume werden bewegt; beschwerliches Gehen gegen den Wind; bei 8 auch Astbruch
9–11	Sturm bis orkanartiger Sturm	herabgewehte Dachziegel bis zu größeren Schäden an Häusern; entwurzelte Bäume
12	Orkan	starke Schäden, schwere Verwüstungen

Vereinfachte Windstärkentabelle nach Beaufort

„eingebautem“ Kompaß ist der gute alte Wetterhahn, den es heute auch – Geschmackssache – in preiswerter Kunststoffversion gibt.

Das Wettertagebuch

Je regelmäßiger, desto besser. So ist das bei vielen Dingen, gerade auch beim Aufzeichnen der beobachteten und gemessenen Elemente. Zudem sollten die Werte stets zur selben Tageszeit abgelesen werden, möglichst einmal morgens und abends. Die Beobachter des Deutschen Wetterdienstes lesen sogar dreimal am Tag ab, und zwar an allen Stationen zu denselben Zeiten: um 7.30 Uhr, 14.30 Uhr und 21.30 Uhr. Wichtig ist natürlich auch, daß stets auf einheitliche Weise eingetragen wird. Lückenlose Eintragungen sind freilich nur möglich, wenn man täglich ein wenig Zeit dafür erübrigen kann – und nie in Urlaub fährt. Ansonsten darf man bei fehlenden Tageswerten ruhig ein wenig „schummeln“ und Angaben aus den entsprechenden Tageswetterberichten von Regionalzeitungen übernehmen.
Im Wettertagebuch können und sollten selbstverständlich neben den Meßwerten auch alle anderen Beobachtungen eingetragen werden, wie bereits auf S. 7 angeregt. Auch das Notieren der phänologischen Eintrittstermine (vgl. S. 53) stellt eine sinnvolle Ergänzung dar. Bald wird man feststellen, daß solch eine Wetterbuchführung neben etwas Mühe auch Spaß macht und alle Wettersinne schärft.

Das Wetter-Kalendarium

Einführung

Das auf den folgenden Seiten beginnende Kalendarium kann zum Eintragen Ihrer eigenen Wetterbeobachtungen und -messungen dienen. Es läßt sich in jedem Jahr verwenden, da den Datumsangaben keine Wochentage zugeordnet sind. Entsprechend hat der Februar hier auch 29 Tage. Somit wären Sie auch für das nächste Schaltjahr, das Jahr 2000, gewappnet.

Unter den Datumszahlen finden Sie jeweils die zugehörigen Namenstage und Kirchenfeste; auch heute nicht mehr gebräuchliche, soweit sie zum Verständnis der Lostagsregeln nötig sind. Bei den Namenstagen handelt es sich eigentlich um Gedenktage der katholischen Kirche für Heilige und Märtyrer, die als Patrone für Träger ihres Namens gelten. Die Namenstage und ihre Datumszuordnung werden nicht immer einheitlich gehandhabt.

Die Monatsnamen sind da übersichtlicher. Doch bei den Bauernregeln konkurrieren die von den Römern übernommenen Bezeichnungen manchmal mit den alten deutschen Namen. Die sind oft viel schöner, wurden teils im 8. Jahrhundert von Karl dem Großen eingeführt und sollen im folgenden nicht vorenthalten werden.

Jeder Kalendertag ist mit einer passenden Bauernregel versehen. Anhand Ihrer Eintragungen können Sie schließlich überprüfen, inwieweit deren Wetterprophezeiung an Ihrem Wohnort zutrifft. Regeln, die sich bei gründlichen Auswertungen als recht stichhaltig erwiesen haben, wurden durch **Fettdruck** hervorgehoben.

Unbekümmert vom jeweiligen Kalenderdatum kündet die beginnende Apfelblüte vom Einzug des Vollfrühlings.

Der phänologische Kalender

Ganz unabhängig von Kalenderterminen und -reformen zeigen Pflanzen durch Blühbeginn, Fruchtreife oder Blattfall, welches „Stündlein“ in der Natur geschlagen hat. Sie reagieren dabei sehr sensibel auf verschiedene Umwelteinflüsse, vor allem aber auf den Witterungsverlauf.

Die Erforschung periodischer Wachstums- und Entwicklungserscheinungen in der Natur bezeichnet man als

Phänologie, wörtlich die „Lehre von den Erscheinungen". Auch in der Tierwelt gibt es eine Vielzahl solcher Erscheinungen, die mit der Jahreszeitenwitterung zusammenhängen: *Halten's die Zugvögel lang bei uns aus, so ist auch's gut Wetter noch nicht aus.* Eine noch viel genauere und feinere Gliederung des natürlichen Jahresrhythmus ergibt die Beobachtung zahlreicher Wild- und Nutzpflanzen.
Anhand besonders prägnanter Ereignisse, z. B. Blühbeginn des Schneeglöckchens, unterteilt man das Jahr in zehn phänologische Jahreszeiten: Vorfrühling, Erstfrühling, Vollfrühling, Frühsommer, Hochsommer, Spätsommer, Frühherbst, Vollherbst, Spätherbst und Winter. Wie sich dieser Naturkalender zur starren Monatseinteilung verhält, zeigt die untenstehende Jahreszeitenuhr, angefertigt nach den mittleren Eintrittsterminen in Deutschland. Die phänologischen Kennpflanzen bzw. Ereignisse sowie die mittleren Eintrittsdaten der Jahreszeiten sind in den Monatseinleitungen des Kalendariums genannt.
Wenn Sie über mehrere Jahre hinweg notieren, wann bei Ihnen die natürlichen Jahreszeiten wechseln, erhalten Sie wichtige Informationen über Ihr Klima vor Ort und lernen die Natur noch besser kennen. Gärtner können so z. B. abschätzen, ob die meist auf „mittlere" Standorte bezogenen Terminempfehlungen etwa in Büchern oder auf Samentüten, bei ihnen brauchbar sind. Die Beachtung der phänologischen Jahreszeiten hilft, Mißerfolge bei Aussaaten und Pflanzungen zu vemeiden und das Gartenjahr im Einklang mit der Natur zu planen.

Die phänologische Uhr – hier für mittlere Verhältnisse in Deutschland – zeigt, wie sich die natürlichen Jahreszeiten von der starren Monatseinteilung unterscheiden.

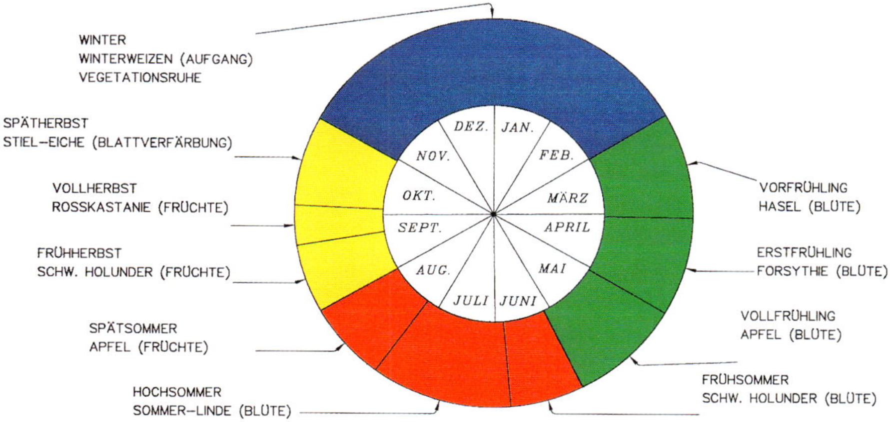

Januar

Januar *Hartung, Jänner*

Janus, der römische Gott des Ein- und Ausgangs, des Anfangs und Endes, gab dem ersten Monat des Jahres seinen Namen. Doppelgesichtig wie der bekannte Januskopf präsentiert sich oft auch die Witterung. Kalte, klare Tage gehören ebenso zum Monatsbild wie regnerisches „Schmuddelwetter". Unsere Vorfahren bevorzugten ersteres: *Januar muß knacken, soll die Ernte sacken.* Denn Kälte und Frost reduzieren die überwinternden Schädlinge – allerdings auch ihre Gegenspieler, die Nützlinge. Wer später die Oberhand gewinnt, hängt von der weiteren Witterungsentwicklung ab. Ein kalter Januar sorgt zudem dafür, daß die Natur weiterhin im Winterschlaf verharrt; ein vorzeitiges Aufwachen durch frühzeitige Wärme hat leicht Schäden durch nachfolgende Fröste zur Folge.

Die früher sprichwörtliche Neujahrskälte ist allerdings nicht mehr ganz so zuverlässig, das Weihnachtstauwetter scheint sich zunehmend über den Dreikönigstag hinweg fortzusetzen. Dann bestätigt sich oft die überlieferte Wetterregel zum 6. 1., daß auch danach kein rechter Winter mehr folgt. Doch im Norden sind Kälteeinbrüche Anfang Januar etwas häufiger geworden. Der „klassische" Hochwinter um den 20. 1. tritt dagegen vorwiegend in Süd- und Westdeutschland auf, dies wiederum mit abnehmender Tendenz.

Trotzdem bleibt der Januar bis auf weiteres unser kältester Monat. Aber auch die für Winterkälte typischen Hochdrucklagen haben zwei Gesichter: Klares, trockenes Frostwetter ist das eine, anhaltende Nebel in Tallagen und Mulden das andere. Unter solchen Bedingungen kommt es auch leicht zu den gefürchteten Inversionen (vgl. S. 34) und damit vor allem in Ballungsräumen zum äußerst unangenehmen Wintersmog.

Mit dem Ende der Feldarbeiten im Spätherbst hat uns der phänologische Kalender den Winter angekündigt. Der wird in der Phänologie nicht weiter unterteilt, da die ruhende Natur kaum Anhaltspunkte bietet. Im Garten allerdings begrüßen wir nun die raren Winterblüher wie Schneeheide, Zaubernuß und Winterjasmin.

„Im Winter kann der Landmann ruhn, es gibt bald schon genug zu tun."

1 Neujahrstag, Wilhelm

*Ist's an Neujahr hell und klar,
so deutet das ein fruchtbar Jahr.*

2 Basilius, Gregor, Makarius

*Makarius das Wetter prophezeit
für die ganze Erntezeit.*

3 Genoveva

Januar warm, daß Gott erbarm.

4 Angela, Roger

***Wenn der Tag beginnt zu langen,
kommt der Winter erst gegangen.***

5 Emilie

*Januarsonne hat weder Kraft
noch Wonne.*

6 Gertrud, Pia, Hl. drei Könige

*Ist bis Dreikönigstag kein Winter,
so kommt auch keiner mehr
dahinter.*

7 Knut, Raimund, Valentin

St. Valentin nimmt die Feiertag hin.

Januar

8
Erhard, Gudula, Severin

Erhard mit der Hack',
steckt die Feiertag' in den Sack.

9
Adrian, Eberhard

Der Jänner ist ein Holzverbrenner.

10
Gregor, Paulus

Am 10. Jänner Sonnenschein,
bringt reiche Ernte und guten Wein.

11
Johannes, Paulin

Nebel im Januar macht ein nasses
Frühjahr.

12
Ernst, Hilda, Tatjana

Januar soll krachen, wenn der
Frühling soll lachen.

13
Jutta

Ist der Januar warm und naß,
bleiben leer Scheun' und Faß.

14
Rainer

Januardonner über'm Feld
bringt noch große Kält'.

15 Arnold, Paulus

Bringet Pauli Wind,
so regnet es geschwind.

16 Marcellus, Theobald, Ulrich

Wie das Wetter an Marcellus war,
so wird's im September – trüb
oder klar.

17 Antonius, Beatrix

Wenn zu Antoni die Luft ist klar,
so gibt es ein trockenes Jahr.

18 Priska, Regine

Januarsonne hat weder Kraft
noch Wonne.

19 Marius

Je frostiger der Januar, desto
freundlicher das ganze Jahr.

20 Fabian, Sebastian

An Fabian und Sebastian
fängt der rechte Winter an.

21 Agnes, Meinrad

Wenn Agnes und Vincentis kommen,
wird neuer Saft im Baum vernommen.

Januar

22
Elisabeth, Vinzenz

***Wie das Wetter zu Vinzenz war,
wird es sein das ganze Jahr.***

23
Hartmut, Heinrich, Klemens

*Dem heil'gen Klemens traue nicht,
denn selten zeigt er ein mild' Gesicht.*

24
Franz, Timotheus

*TImotheus bricht's Eis, hat er keins,
dann macht er eins.*

25
Wolfram, Pauli Bekehr

***Ist zu Pauli Bekehr das Wetter schön,
wird man ein gutes Frühjahr sehn.***

26
Paula, Timotheus

*Ist der Januar hell und weiß,
so wird der Sommer sicher heiß.*

27
Angela, Julian

***Das Eis zerbricht St. Julian,
wo nicht, da drückt er's fester an.***

28
Manfred, Thomas

*Lacht der Januar im Kommen und
Scheiden, bringt das Jahr noch
viele Freuden.*

29 Valerius

Auf trocknen, kalten Januar
folgt viel Schnee im Februar.

30 Adelgund, Martina

Bringt Martina Sonnenschein,
hoff' man auf viel Korn und Wein.

31 Johannes, Vigilius

Friert es auf Vigilius, im Märzen
Kälte kommen muß.

Die weiße Decke

Reichlich Schnee im Januar macht Dung fürs ganze Jahr. Dem Korn unter'm Schnee tut die Kälte nicht weh. – Dies ist nur eine kleine Kostprobe aus dem reichhaltigen Repertoire an Bauernregeln, die dem Schnee ein Loblied singen. Tatsächlich hat Schnee aufgrund seines Gehaltes an Ammoniak einen gewissen Düngeeffekt, weshalb er früher auch als „des armen Mannes Dünger" tituliert wurde. Im heute meist gut mit Nährstoffen versorgten Garten schätzt man ihn jedoch vor allem wegen des Vorteils, den die zweitgenannte Bauernregel beschreibt: Die weiße Decke, obwohl aus lauter Eiskristallen bestehend, schützt die Vegetation vor extremer Kälte. Durch zahlreiche Lufteinschlüsse zwischen den teils kunstvoll geformten Kristallen wirkt der Schnee wie eine Isolierschicht, so daß der Boden auch in frostklaren Nächten kaum Wärme an die darüberliegende Luft abgibt. Selbst bei extremen Minusgraden sinken die Temperaturen unter einer Schneedecke selten unter 5° C.

Für Gehölze ist der Schnee allerdings eine zweischneidige Sache. Der Wurzelbereich profitiert zwar von diesem speziellen Frostschutz, doch über der Erde kehren sich die Verhältnisse um: Da die weiße Schneedecke die Sonnenstrahlen reflektiert, kann sich die Luft über ihr kaum erwärmen. Oberirdische Triebe, vor allem von Immer-

grünen, sind dann besonders gefährdet und müssen bei anhaltender Schneedecke eventuell zusätzlichen Winterschutz erhalten. Schließlich können den Zier- und Obstgehölzen auch Schneelasten auf Ästen und Zweigen zu schaffen machen. Vorbeugend hilft da nur regelmäßiges Abschütteln oder -fegen der weißen Auflage.

Nachteilige Wirkungen kann auch eine anhaltende Schneedecke haben, die verharscht. Dazu kommt es, wenn die Oberfläche immer wieder schmilzt und gefriert. So entsteht eine harte, feste Schicht, die keinen Luftaustausch mehr zuläßt. Pflanzen, die auf dem Beet überwintern, z. B. Feldsalat und Spinat, droht dann Fäulnis.

Den Schneefall kündigt oft ein himmelbedeckender, dunkler Nimbostratus an. Bei tiefen Temperaturen in und unterhalb der Wolke „entläßt" sie statt Regentropfen zu Flocken verhakte Eiskristalle. Ob diese Plättchen-, Nadel-, Stern- oder Säulenform annehmen, hängt vom jeweiligen Temperaturbereich ab. Nur zwischen –12 und –16° C bilden sich die sechszackigen, zierlichen Kristallsterne, die oft als Symbol für den Schnee schlechthin gelten. Unregelmäßig geformte Eiskörnchen mit Lufteinschlüssen fallen dagegen aus der typischen Schauerwolke, dem Cumulonimbus. Sie sind als Graupel bekannt und stellen eine Art „Winterform" des Hagels dar.

Ins Wettertagebuch gehört natürlich in jedem Fall die Schneehöhe, sofern die Decke wenigstens 1 cm erreicht; Rekordhöhen liegen bei etwa 55 cm. Streng genommen müßten auch die mit dem Schnee gefallenen Wassermengen registriert werden. Wer sich die Mühe machen will, kann 1 m^2 der frisch gefallenen Schneedecke sorgfältig abschaufeln und in einem großen Kunststoffgefäß, z. B. Baueimer oder -wanne, sammeln. Dieses versieht man mit einem Verdunstungsschutz (Deckel, Plastikfolie) und läßt den Schnee an einem kühlen, frostfreien Ort schmelzen. Die Literzahl ergibt schließlich die Niederschlagsmenge in mm. Bei höheren Schneedecken wird man sich mit einer Probefläche von 0,5 oder 0,25 m^2 begnügen und dann das Volumen des geschmolzenen Wassers auf 1 m^2 hochrechnen.

Auch von den Bäumen muß Schnee geräumt werden, zumindest wenn er naß und schwer ist.

Februar

Februar *Hornung*

Ein altrömisches Sühne- und Reinigungsfest, „februa“ genannt, verlieh unserem kürzesten Monat seinen Namen. Ursprünglich begann im alten Rom das Jahr mit dem März; als letzter Monat mußte der Februar mit dem vorliebnehmen, was die damalige Zeitrechnung an Tagen übrigließ. Ob 153 v. Chr. Numa Pompilius oder gut 100 Jahre später Julius Cäsar den Neujahrsanfang im Januar festlegte – darüber scheiden sich die Geister verschiedener Quellen. Jedenfalls bot es sich bei der Julianischen Kalenderreform an, den neuen Schalttag dem kurzen Februar zuzurechnen.

Ausgesprochen kalt, wie eine bekannte Bauernregel besagt, sind die Schaltjahre nicht. Allerdings zeigen sie eine Tendenz zu überdurchschnittlich kühlen Sommern. Der Volksmund kennt übrigens noch einen weiteren Februartag: *Geborgt wird nur einmal im Jahr, und zwar am 30. Februar.*

Der Übergang vom ersten zum zweiten Monat des Jahres ist oft von einer recht milden, niederschlagsreichen Witterung geprägt, die teils bis zum 12. 2. anhält. Dabei können die Niederschläge durchaus auch als Schnee fallen. Meist trocken bleibt es dagegen ab Mitte Februar, mit zunehmender Tendenz stellt sich dann noch einmal ein kalter Spätwinter ein, der vor allem in südlichen Landesteilen bis zum Ende des Monats andauern kann. Erstaunlicherweise gibt es mehrere Bauernregeln, die nach einem insgesamt warmen Februar einen kalten März prophezeien, etwa: *Wenn's der Hornung gnädig macht, bringt der Lenz den Frost bei Nacht.* Ein ähnlicher Zusammenhang wird auch zwischen den ersten beiden Monaten postuliert: *Gelinder Januar – Kälte im Februar.* Untersuchungen zeigen, daß eher das Gegenteil stimmt. Ein kalter Winter, der sich oft schon im Dezember anmeldet, setzt sich häufig über Januar und Februar bis ins Frühjahr hinein fort. Dasselbe läßt sich umgekehrt auch bei milder Winterwitterung beobachten, was gelegentliche Kaltlufteinbrüche nicht ausschließt.

Ein recht warmer Februar regt Schneeglöckchen und Hasel schon früh zum Blühen an und läutet so in klimabegünstigten Regionen den phänologischen Vorfrühling ein.

„Wenn Matthias (24. 2.) kommt herbei, legt das Huhn das erste Ei.“

1

Brigitte

Wenn die Februarsonne den Dachs nicht weckt, schläft er im April noch fest.

2

Alfred, Mariä Lichtmeß

Ist's an Lichtmeß hell und rein, wird ein langer Winter sein.

3

Ansgar, Blasius

St. Blasius stößt dem Winter die Hörner ab.

4

Veronika

Je nasser der Februar, desto nasser das ganze Jahr.

5

Adelheid, Agathe

Am Agathentag rieselt's Wasser den Berg herab.

6

Dorothea

St. Dorothee watet gern im Schnee.

7

Richard

Die weiße Gans (Schnee) im Februar brütet Segen für's ganze Jahr.

Februar

8
Hieronymus, Philipp

Weißer Februar stärkt die Felder.

9
Apollonia

Ist's an Apollonia feucht, der
Winter meist sehr spät entweicht.

10
Bruno, Wilhelm

Regen im Februar bringt flüssig
Dünger fürs ganze Jahr.

11
Anselm

Der Februar baut manche Brück',
der März bricht ihnen das Genick.

12
Benedikt, Eulalia

St. Eulalia Sonnenschein bringt
viel Obst und guten Wein.

13
Ekkehard, Reinhild

Nebel im Februar bringt Regen
oft im Jahr.

14
Valentin

St. Valentin friert's Rad mitsamt
der Mühle ein.

15 Siegfried

Der Februar hat seine Mucken,
baut von Eis oft feste Brucken.

16 Juliana, Simeon

Friert's um Simeon ganz plötzlich,
bleibt der Frost nicht lang gesetzlich.

17 Sieben Gründer

Der Februar sagt zum Januar,
hätt' ich die Gewalt wie du,
erfrör das Kalb in der Kuh.

18 Simon

Singt die Amsel im Februar,
bekommen wir ein teures Jahr.

19 Irmgard, Konrad

Im Februar viel Sonn' am Baum
läßt dem Obst keinen Raum.

20 Falko

Nordwinde im Februar melden an
ein fruchtbar Jahr.

21 Felix

Der St. Felix zeiget an, was 40 Tag'
wir für Wetter han.

Februar

22
Isabella, Petri Stuhlfeier

Hat Petri Stuhlfeier Eis und Ost,
bringt der Winter noch herben Frost.

23
Polykarp

Klar Februar – gut Roggenjahr.

24
Matthias

St. Mattheis bricht's Eis, hat er
keins, so macht er eins.

25
Adeltraud, Walburga

Rauher Februar – schöner August.

26
Mechthild, Alexander

Alexander und Leander suchen
Märzluft miteinander.

27
Leander, Markward

Ende Februar sind die Lerchen
wieder da.

28
Oswald, Romanus

St. Roman hell und klar,
deutet auf ein gutes Jahr.

29 August

Schaltjahr – kalt Jahr.

Frost und Wintersonne

Wenn die Lufttemperaturen, 2 m über dem Boden gemessen, unter den Nullpunkt fallen, spricht man gemeinhin von Frost. Nun ist diese Wettererscheinung gerade in Gartenbau und Landwirtschaft ein so wichtiges und leidvolles Thema, daß eine Vielzahl spezieller Frostbegriffe geprägt wurde.

Bar- oder Kahlfröste nennt man die gefürchteten Niedrigtemperaturen, die nicht mit einer schützenden Schneedecke einhergehen. In der Regel sind es die typischen „Hochdruckfröste" bei klarem Himmel. Wenn dann der Boden nachts durch Abstrahlung Wärme verliert, sorgt kein Wölkchen für Gegenstrahlung. Solche Strahlungsfröste treten schon ab Oktober auf und verlangen bis ins Frühjahr hinein erhöhte Aufmerksamkeit. Gegen Mittag oder Abend einsetzende Winde können jedoch die Kaltluftschicht über dem Boden „aufmischen", also: Frostgefahr gebannt. Der Bauer reimte: *Kält' und Nachtfrost schädlich sind, gut hingegen ist der Wind* – insbesondere der etwas wärmere aus westlicher Richtung; *Abendrot bei West gibt dem Frost den Rest,* lautet deshalb eine andere Regel zum selben Thema.

Da erfrorenes Wurzelwerk das endgültige Aus für jede Pflanze bedeutet, sind starke Bodenfröste am gefährlichsten. Allerdings kommt es in der Regel erst ab –10° C zu ernsthaften Wurzelschäden, und solche Temperaturen treten in der „kritischen" Bodentiefe ab 5–10 cm nur in extremen Wintern auf. Trotzdem ist in jedem Fall eine Abdeckung, wie beim Oktober (S. 132) beschrieben, ratsam.

Den oberirdischen Teilen von Gehölzen setzen zum einen sehr kalte Nord- und Ostwinde zu; vor allem an der Küste und in Gebirgslagen können auch regelrechte Windfröste auftreten. Eine andere Gefahr birgt die Winter- und Frühjahrssonne, eventuell noch verstärkt durch eine reflektierende Schneedecke: Die besonnte Baumseite erwärmt sich stark und gefriert dann nachts wieder. Die so verursachten Spannungen in der Rinde bewirken Verletzungen, die je nach ihrer Form als Frostrisse, -spalten oder -platten bezeichnet werden und vor allem bei

Obstbäumen gefürchtet sind. Wer nicht bereits im Spätherbst vorgesorgt hat, sollte spätestens jetzt einen Kalkanstrich anbringen, der durch Reflexion der weißen Farbe eine übermäßige Erwärmung an der Sonnenseite verhindert. Auch mit Sackleinen, Pappe oder ähnlichem läßt sich der Stamm schützen.

Sonnenschutz, z. B. durch Matten an einem einfachen Gestell, bewahrt im Spätwinter und Frühling auch Immergrüne vor Schäden. Rhododendren, Kirschlorbeer & Co. verdunsten über ihr Blattwerk bereits kräftig Wasser, wenn die zunehmend intensivere Sonne scheint. Lassen nächtliche Tieftemperaturen immer wieder das Wasser im Boden gefrieren, erhalten die Wurzeln keinen Nachschub. Dann drohen Schäden durch die sogenannte Frosttrocknis. Deshalb sollte man auch ab dem Spätherbst bei Immergrünen das Gießen nicht vergessen, sofern der Boden offen ist.

Gefrierendes und wieder tauendes Bodenwasser bewirkt schließlich auch eine Bewegung der Bodenteilchen, die sich bei im Spätherbst gepflanzten, noch nicht völlig eingewurzelten Gehölzen bemerkbar machen kann. In solchen Fällen empfiehlt es sich, die Erde um das Gehölz wiederholt festzutreten, damit die Wurzeln Bodenschluß bekommen. Denselben Lockerungseffekt macht man sich bei der Frostgare zunutze, die auf die im Herbst umgegrabenen Schollen einwirkt. Allerdings ist diese nicht von Dauer. Durch regelmäßige Kompostzugabe und gegebenenfalls sogar Verzicht auf Umgraben erzielt man eine nachhaltigere Bodenlockerung und -verbesserung. Noch ein kurzer Blick „unter die Erde“: Wer hohe Steingartenmauern oder ein Gewächshaus errichten will, sollte die Fundamente wenigstens 80 cm bis in die frostfreie Tiefe reichen lassen. Das ist auch die Mindesttiefe für einen Gartenteich, in dem Fische überwintern sollen.

Ein ganz besonderes Frostkapitel sind schließlich die Spätfröste, um die es im Mai gehen soll (vgl. S. 92), und die den Pflanzen besonders zusetzen können.

Ein Kalkanstrich auf der Sonnenseite schützt Bäume vor Frostrissen.

März

März *Lenzmond*

Wie bereits beim Februar berichtet, ließen die alten Römer das Jahr ursprünglich im März beginnen, im Monat der Tagundnachtgleiche sowie der großen Heeresschauen. Und wie es sich für ein Eroberervolk gehört, benannte man diesen Monat auch auf zünftige Weise, nämlich nach dem Kriegsgott Mars. Dabei ist der März mit seinen ersten Frühlingsboten doch eigentlich eine so milde stimmende Zeit.

Zunehmende Tageslänge und höherer Stand am Firmament lassen nun die Sonne immer mehr zum Zuge kommen. Die deutliche Erwärmung des mitteleuropäischen Festlandes geht jedoch in schneebedeckten Höhen wesentlich langsamer vor sich. Deshalb macht sich z. B. im Alpenvorland der sogenannte Märzwinter um den 7. 3. am stärksten bemerkbar, hervorgerufen durch kalte, kontinentale Luftmassen aus östlicher Richtung. Etwa fünf Tage später sorgt des öfteren ein ausgehendes Tief oder kühle Luft aus polarer Richtung für den zweiten Märzwinter, der vorwiegend im norddeutschen Raum zuschlägt. Seltener tritt dann nochmals um den 18. 3. ein letzter winterlicher Kälterückfall ein. Daß er den endgültigen Abschied von der strengen Kälte bedeutet, wußte schon Großvater: *Zu St. Joseph (19. 3.) wirf die warme Decke fort.* Danach erfreut uns die letzte Märzwoche immer häufiger mit ausgesprochen milder und trockener Witterung. Diese um den 23. 3. einsetzende Phase wird von Meteorologen und Singularitätenforschern auch „Vorfrühling“ genannt.

Solche Namen sind allerdings etwas unglücklich gewählt, weil sie im Zusammenhang mit den phänologischen Jahreszeiten Verwirrung stiften. Denn auch nach dem Naturkalender gibt es einen Vorfrühling, der durch den Blühbeginn von Hasel (im Schnitt am 4. 3.) und Schneeglöckchen (10. 3.) gekennzeichnet ist. Dabei gibt es je nach geographischer und Höhenlage deutliche Unterschiede, die die zeitlich gestaffelte Erwärmung verschiedener Regionen sehr anschaulich demonstrieren (vgl. S. 76). Mit der Salweidenblüte um den 28. 3. verabschiedet sich der Vorfrühling und macht dem nächsten Abschnitt, dem Erstfrühling, Platz.

„Willst du Gerste, Zwiebeln, Erbsen dick, so sä' sie an Sankt Benedikt (21. 3.).“

1 Albin, David

*Regnet's stark an Albinus,
macht's dem Bauern viel Verdruß.*

---

2 Agnes, Karl

*Der März soll kommen wie ein Wolf
und gehen wie ein Lamm.*

---

3 Friedrich, Kunigunde

Kunigund macht warm von unt'.

---

4 Kasimir

***Wenn's auf kahle Bäume wittert,
kommt noch Kälte angeschlittert.***

---

5 Dietmar, Oliva, Virgil

*Friert es auf Virgilius,
im Märzen Kälte kommen muß.*

---

6 Fridolin

*Mit ihren Herden wieder hin
ziehen die Schäfer an Fridolin.*

---

7 Felicitas

*Säst du im März zu früh,
ist's oft vergeb'ne Müh.*

März

8
Cyprian

*Wenn's donnert an Cyprian,
zieh die Handschuh nochmal an.*

9
Bruno, Franziska

***Wie's im März regnet,
wird's im Juni regnen.***

10
Emil, Gustav, 40 Märtyrer

*Friert's am 40-Ritter-Tag,
so kommen noch 40 Fröste nach.*

11
Rosine, Ulrich

*Im Märzen kalt und Sonnenschein,
wird's eine gute Ernte sein.*

12
Almut, Beatrix, Gregor

*Am Gregorstag schwimmt das Eis
ins Meer.*

13
Judith, Paulina

*Märzenschnee tut Frucht und
Weinstock weh.*

14
Mathilde

*Märzstaub bringt Gras und Laub,
Märzregen wenig Segen.*

15 Klemens, Luise

Der März muß zwölf gute Tage haben.

16 Heribert

Schlägt im Märzengrün der Fink,
ist es ein gefährlich Ding.

17 Gertrud, Patrick

Ist Gertrud sonnig, wird's dem
Gärtner wonnig.

18 Cyrill

Lange Schnee im März,
bricht dem Korn das Herz.

19 Joseph

Wenn's erst einmal Josefi ist,
so endet auch der Winter g'wiß.

20 Wolfram

Märzenblüte ist nicht gut,
Aprilblüte ist halb gut,
Maiblüte ist ganz gut.

21 Axel, Benedikt, Christian

Willst du Gerste, Erbsen,
Zwiebeln dick,
so sä' sie an St. Benedikt.

März

22

Elmar, Lea

Maulwurfhaufen, im Märzen zerstreut, lohnen sich zur Erntezeit.

23

Otto, Turibio

Weht kalter Wind am Ottotag, das Wild noch vier Wochen Eicheln mag.

24

Gabriel, Katharina

Scheint auf St. Gabriel die Sonn, hat der Bauer Freud und Wonn.

25

Maria Verkündigung

Wenn Maria sich verkündet, Storch und Schwalbe heimwärts findet.

26

Larissa, Liudger

Auf Märzregen dürre Sommer zu kommen pflegen.

27

Frowin

März trocken – viel Roggen.

28

Guntram, Rupert

Hält St. Rupert den Himmel rein, so wird es auch im Juli sein.

29 Helmut, Ludolf

Wenn im März viel Winde wehn,
wird's im Maien warm und schön.

30 Diemut, Gottlieb

Ein Regen im März, der am Mittag fällt,
sich meist zwei Tage am Orte hält.

31 Cornelia

Wenn im März viel Mückenspiel,
dann sterben der Bien' und Schafe viel.

Die Ausbreitung des Frühlings

Bei seinem Einzug hinterläßt der Vorfrühling eine deutliche Blütenspur. Mit detektivischer Sorgfalt folgen ihr in Deutschland etwa 3000 ehrenamtliche Beobachter des Wetterdienstes. Sie notieren an ihrem Wohnort alljährlich zunächst den Blühbeginn der Haselnuß, der wie alle anderen phänologischen Phasen genau definiert ist: Die ersten Kätzchen müssen vollständig gestreckt sein und gelben Blütenstaub abgeben. Dann kommt die Blütenentfaltung des Schneeglöckchens an die Reihe, schließlich werden auch die Termine von Schwarzerle, Huflattich und weiteren Vorfrühlingsblühern festgehalten. Besonders markant ist dann wieder der gelbe Forsythienflor, er läutet die nächste Jahreszeit, den Erstfrühling ein.

Die Frühlingsbeobachtungen ergeben in der Regel alljährlich folgendes „Fahndungsraster“: Am frühesten, manchmal schon im Februar, zeigen sich Hasel- und Schneeglöckchenblüte im Nordwesten Deutschlands sowie im Rheintal. Die Fährte des Vorfrühlings setzt sich dann langsam nach Süden und Osten fort und läßt sich dann zuletzt, oft spät im März, in den Höhenlagen aufspüren. Diese ausgeprägten Jahreszeitunterschiede der Landschaften gleichen sich im Laufe der Vegetationsperiode etwas an. Bei

den Herbstphasen und beim Wintereintritt machen sich dann regionale Einflüsse wieder stärker bemerkbar, wenn auch nicht so prägnant wie im Frühjahr.
Um durchschnittliche Eintrittstermine anzugeben, hat man sich deshalb auf die Daten mittlerer Höhenlagen (300 m über dem Meeresspiegel) geeinigt. In Österreich und der Schweiz spielt die Höhenlage noch eine viel größere Rolle. Dort mußten teils auch andere Kennpflanzen gewählt werden, die selbst in höheren Alpenregionen zu beoachten sind. So kennzeichnet z. B. in der Schweiz die Vollblüte des Huflattichs den Vorfrühlingsbeginn, während man in Österreich ebenfalls nach der Hasel sieht.
Die Boten des Vorfrühlings zeigen uns nicht nur deutlich an, ob wir es mit einem frühen, normalen oder späten Jahr zu tun haben. Sie geben auch den Startschuß für bestimmte Gartenarbeiten, z. B. für die Beetvorbereitung, das Vorziehen von Gemüse und Sommerblumen, den Rosenschnitt oder die Frühjahrspflanzung von Gehölzen. Beginnt das Jahr jedoch außerordentlich warm, können die phänologischen Zeichen trügen. Die solcherart „genarrte" Natur erleidet dann durch Märzwintereinbrüche und Spätfröste empfindliche Rückschläge. Hält der durch Umweltverschmutzung bewirkte Trend zur globalen Erwärmung an, wird dies in unseren Breiten häufiger geschehen. Denn die Winter werden dann voraussichtlich milder, doch die gelegentlichen Kälteeinbrüche bis ins späte Frühjahr bleiben uns erhalten.
Schon in Großvaters Wetterregeln wurde vor zu früher Wärme und Blüte gewarnt, wie der Kalenderspruch zum 20. 3. zeigt. Auch einige „echte phänologische" Bauernregeln sind überliefert. Der Merkreim zur Abbildung unten scheint neueren Datums zu sein, wobei man sich bei frühen Saaten durchaus am Huflattich orientieren kann. Einen schönen Bezug zur Naturentwicklung zeigt folgende Regel zur Feldbestellung: *Wenn die Birke Kätzchen hat, ist es Zeit zur Gerstensaat.* Sehr präzise äußert sich ein April-Merkspruch: *Soviel Tage vor Georgi (23. 4.) die Kirschen und Schlehen blühen, soviel Tage vor Jakobi (25. 7.) kann der Bauer die Sense ziehen.* Im phänologischen Kalender markieren Schlehdorn- und Kirschblüte (im Mittel am 23. 4.) den fortgeschrittenen Erstfrühling.

„Siehst du im März gelbe Blumen im Freien, magst getrost du Samen streuen."

April

April *Keimmond, Ostermond*

Das lateinische Wort „apricus“ heißt sonnenbeschienen, „aperio“ bedeutet öffnen oder erschließen, was auf den Charakter dieses Monats als endgültiger Frühlingsbringer hinweisen mag. Es wird angenommen, daß ihn die Römer deshalb „Aprilis“ nannten. Somit trägt er als einziger einen beschreibenden Namen mit Wetterbezug.

Mit einer „sonnenbeschienenen Eröffnung“ kann man vorwiegend in den östlichen Landesteilen rechnen. Hier stellt sich häufig am 3. und 4. warmtrockene Witterung ein. Ähnliches läßt sich für die Tage um den 20. 4. beobachten, wobei dieser sogenannte Mittfrühling vor allem dem Südwesten zugutekommt. Doch auch wenn diese fast schon sommerlichen Singularitäten nicht auftreten, steigen die Temperaturen deutlich. Trotzdem strömt immer wieder Kaltluft aus nördlicher und westlicher Richtung ein, der rasche Wechsel unterschiedlichster Wetterlagen ist sprichwörtlich – und so macht der April immer wieder, was er will. Das merken auch die Meteorologen, denn in diesem Monat fallen die Trefferquoten ihrer Vorhersagen deutlich am niedrigsten aus. Große Regelmäßigkeit zeigt lediglich die recht kalte, meist niederschlagsreiche Witterung zum Monatsende.

Aprilregen allerdings kam und kommt dem Landmann sehr gelegen. Während viele Bauernregeln für den März Trockenheit erhoffen, wird nun, nach Bestellung der Felder, Feuchte für die keimende Saat gewünscht: *April trocken läßt die Keime stocken.* Grundsätzlich hatte man es auch lieber etwas kühler, wie manche Aprilregeln zeigen. Allzu üppige Pflanzen- und Blütenentwicklung ist zu dieser Zeit ja immer noch durch Spätfröste bedroht.

Nichtsdestotrotz entfalten sich nun immer mehr Blüten, allen voran die der Forsythie. Am 2. 4. kündet sie im langjährigen Mittel vom Einsetzen des phänologischen Erstfrühlings. Kurz darauf folgt die Schlüsselblume (7. 4.), und wenn sich die Blüten der Süßkirschen öffnen (23. 4.), ist der Vollfrühling nicht mehr weit. Kurz vor dessen Beginn kehren auch die Schwalben zurück, im Schnitt am 28. 4.

„Siehst du im April die Falter tanzen, kannst du getrost im Garten pflanzen.“

1 Hugo, Irene

Der April ist ein launischer Gesell, bald ist er trüb, bald ist er hell.

2 Franz, Rosamunde

Sturm und Wind an Rosamunde bringt dem Bauern gute Kunde.

3 Elisabeth, Richard

Hat April mehr Regen als Sonnenschein, wird's im Juni trocken sein.

4 Ambrosius

Der heilige Ambrosius schneit oft dem Bauern auf den Fuß.

5 Vinzenz

Aprilschnee ist besser als Schafmist.

6 Wilhelm

Wenn der April stößt rauh ins Horn, so steht es gut um Heu und Korn.

7 Johann

Ist der April zu gut, schickt er dem Schäfer Schnee auf den Hut.

April

8
Amantius, Beata, Walter

Wenn's regnet am Amantiustag,
ein dürrer Sommer folgen mag.

9
Waltraud

Nasser April
verspricht der Früchte viel.

10
Engelbert, Ezechiel, Hilda

Leinsamen sä' an St. Ezechiel,
dem 100. Tag nach Neujahr,
so gedeiht er dir wunderbar.

11
Stanislaus

April kalt und naß
füllt dem Bauern Scheuer und Faß.

12
Herta, Julius

Vom Aprilregen zeugt der Mai
seine Blumen.

13
Martin

Aprilgewitter und viel Brummer
künden von einem guten Summer.

14
Ernestine, Tiburtius

Tiburtius kommt mit Sang und Schall,
bringt Kuckuck mit und Nachtigall.

15
Anastasia, Nidgar

Aprilwetter und Herrengunst,
darauf zu bauen ist umsunst.

16
Benedikt, Bernadette

Siehst du im April die Falter tanzen,
kannst du getrost im Garten pflanzen.

17
Eberhard, Rudolf

Mondhelle Nächte im April
schaden der Baumblüte viel.

18
Herluka, Mechthilde

Gar hundertmal schlägt's Wetter um,
das ist des Aprils Privilegium.

19
Gerold, Leo, Werner

Legst du die Kartoffel im April,
dann kommt sie, wann sie will.
Legst du sie im Mai, so kommt sie glei'.

20
Hildegund, Wilhelm

Je eher im April der Schlehdorn blüht,
je früher der Bauer zur Ernte zieht.

21
Anselm, Konrad

Bläst der April mit beiden Backen,
gibt's genug zu jäten und zu hacken.

April

22
Wolfhelm

*Die Menschen und die Aprilen,
beide haben ihre Grillen.*

23
Adalbert, Georg

*St. Georg kommt nach alten Sitten
zumeist auf einem Schimmel geritten.*

24
Fidelis, Wilfried

*Wenn es friert an Sankt Fidel,
bleibt's 15 Tag noch kalt und hell.*

25
Markus

*So lange die Frösche vor Markus geigen,
so lange sie nach Markus schweigen.*

26
Helene

*Der April macht die Blum',
und der Mai hat den Ruhm.*

27
Petrus, Zita

*An des hl. Peters Fest
sucht der Storch sein Nest.*

28
Hugo, Peter, Vitalis

*Friert's am Tag von St. Vital,
friert es wohl noch 15 Mal.*

29

Katharina, Roswitha

Kommen die Bienen bis Ende April nicht heraus, so ist's mit dem schönen Wetter auch aus.

30

Pius

Regen auf Walpurgisnacht hat stets ein gutes Jahr gebracht.

Ostern und der Mond

Um die Weihnachtstage ranken sich viele Wetterprophezeiungen, das ebenso wichtige Kirchenfest im Frühjahr kommt dagegen in Bauernregeln kaum vor. Denn das veränderliche Datum des Osterfestes machte es für Lostagszwecke ziemlich ungeeignet.

Die flexible Festlegung des Ostertermins resultiert aus einem uralten Konfessionsstreit zwischen Rom und der Ostkirche. Man einigte sich schließlich im Jahre 325 auf dem ersten ökumenischen Konzil von Nicäa folgendermaßen: Das Osterfest wird stets am Sonntag nach dem ersten Frühlingsvollmond begangen. Wohl schon damals orientierte man sich am 21. 3. als Datum für den Frühlingsbeginn, spätestens aber 525. In diesem Jahr wurde die heute noch gültige Regelung festgelegt. Danach fällt der Ostersonntag frühestens auf den 22. 3., spätestens auf den 25. 4. Kein Wunder, daß es die Osterglocken nicht immer schaffen, pünktlich zu diesem Fest zu blühen.

Da Ostern das Zentrum eines großen kirchlichen Festkreises ist, ändern sich jährlich auch alle zugehörigen Feiertage: Sieben Wochen zuvor beginnt die Fastnacht als letzte „Völlerei" vor der Fastenzeit, in festgelegten Abständen folgen Palmsonntag und Karwoche; sieben Wochen nach Ostern ist Pfingsten, zehn Tage vor dem Pfingstsonntag Christi Himmelfahrt, zehn Tage danach Fronleichnam.

Interessant ist die fast „heidnisch" anmutende Orientierung des Kirchenfestes am Erdtrabanten. Man fühlt sich an die früheste Form der Zeitrechnung erinnert, als der Mond noch den Jahreslauf bestimmte. Daß er auch die Witterung bestimmt, behaupten einige Bauernregeln, z. B.: *Der Neumond*

macht das Wetter oder: *Gewitter in der Vollmondzeit verkünden Regen lang und breit.*

Nach verbreiteter wissenschaftlicher Überzeugung hat der Mond keinen Wettereinfluß. Er vermag zwar Ebbe und Flut zu steuern, doch in der Atmosphäre verursacht er nur minimale Luftdruckschwankungen ohne Wirkung auf das Wettergeschehen. Außerdem wechseln die Mondphasen überall auf der Erde zur gleichen Zeit, so müßten sich auch die Wetterlagen überall zur gleichen Zeit ändern, was offensichtlich nicht der Fall ist.

Sicher können die Mondphasen weltweit ganz unterschiedliche Auswirkungen haben, sagen dagegen Kritiker der Lehrmeinung; das spricht aber nicht grundsätzlich dagegen, daß z. B. der Vollmond in ganz bestimmten Regionen eine ganz bestimmte Witterung fördert. Und wenn nach der Wettertheorie schon der Flügelschlag eines Schmetterlings die Atmosphäre durcheinanderbringen kann, warum sollen dann die mondbedingten Druckschwankungen folgenlos bleiben . . .?

Darauf haben Meteorologen bestimmt stichhaltige Gegenargumente, und die Mondfans kontern dann wieder mit eigenen Erkenntnissen, die auch ganz überzeugend klingen. Als interessierter Laie kann man kaum beurteilen, ob in Sachen Mond und Wetter schon das letzte Wort gesprochen ist. Zumindest ist es für jeden privaten „Wetterkundler" spannend, auch die Mondphasen in seine Beobachtungen einzubeziehen. Immerhin konnte der Meteorologe Karl Rocznik in einer – allerdings nur dreijährigen – Untersuchung für Regensburg feststellen, daß in der Mondphase des letzten Viertels, also bei abnehmendem Mond, Niederschlagsmenge und -tage sowie Starkwinde am geringsten waren. Schließlich sei erwähnt, daß z. B. im biologisch-dynamischen Gartenbau auch dem siderischen Mondumlauf, bezogen auf die Tierkreiszeichen, Wetterwirkung zugesprochen wird.

„Mond hin, Mond her – Eier verstecken lieb' ich sehr."

Mai *Wonnemond, Maimond*

Für diesen angenehmen Monat bevorzugten die Römer eine Frau als Namenspatin: Maja, die Göttin des Wachstums. Und das Wachstum schreitet nun ja tatsächlich munter voran. Daran ändert auch der öfter zu beobachtende naß-kalte Monatsanfang nichts, mit dem sich die kühle Vormonsunwelle aus dem April fortsetzt. Denn in wenigstens zwei von drei Jahren folgt dann eine warme, trockene Periode, die häufig anderthalb Wochen andauert und dem Wonnemonat alle Ehre macht.

Erst Mitte Mai ist der Winter vorbei, warnt ein altes Sprichwort. Doch die Eisheiligen, früher gefürchtete Spätfröste um die Maimitte, scheinen kaum noch zum Zuge zu kommen. Hinweise zu Ursachen, Folgen und Folgerungen für den Garten finden sich am Ende dieses Monatskapitels. Die Eisheiligen – in der strengen, frostigen Form – gehören vielleicht wirklich der Vergangenheit an. Doch die Bauernregeln zum Thema sind ein besonderes „Wetterkulturgut“, und zwar ein sehr facettenreiches. Zu Pankraz, Bonifaz & Co. gibt es Dutzende von Sprüchen und Reimen, oft landschaftlich geprägt. Neben der Furcht vor den Spätfrösten geht es in vielen Mairegeln wieder um die Hoffnung auf Regen, wie bereits vom April bekannt.

Mit dem letzten Witterungsregelfall im Mai, als erste Monsunwelle bezeichnet, wird dieser Wunsch oft erfüllt: In durchschnittlich zwei von drei Jahren wird es ab dem 20. 5. bis zum Monatsende naß und vor allem auch nochmals deutlich kühler.

Diese Witterung kann sich gerade beim Obst sehr unangenehm bemerkbar machen, denn im Mai entfalten sich die Blüten von Apfel und Birne. Die beginnende Apfelblüte, durchschnittlich am 2. 5., markiert zugleich den Beginn des Vollfrühlings. In diese Phase fällt auch ein besonderes gärtnerisches Ereignis – der Blühbeginn des Flieders, im langjährigen Mittel am 12. 5.

„Mairegen bringt Segen.“

1

Arnold, Josef, Philippus und Jakobus

Philippi und Jakobi, viel friß i,
wenig hob i.

2

Sigismund

Mairegen auf die Saaten,
dann regnet es Dukaten.

3

Kreuzauffindung

Wie's Wetter am Kreuzauffindungstag,
bis Himmelfahrt es bleiben mag.

4

Florian

Der Florian, der Florian
noch einen Schneehut setzen kann.

5

Sigrid

Der Mai, zum Wonnemonat erkoren,
hat den Reif noch hinter den Ohren.

6

Antonia, Gundula

Ein kühler Mai wird hoch geacht',
hat stets ein fruchtbar Jahr gebracht.

7

Gisela

Feuchte Maienluft
bringt viele Keime aus der Gruft.

Mai

8
Stanislaus, Ulrike

Wenn naht der hl. Stanislaus,
sollen die Kartoffeln raus.

9
Beatus, Volkmar

Nordwind im Mai
bringt Trockenheit herbei.

10
Gordianus, Epimachus

Florian (4.5.) und Gordian
richten oft noch Schaden an.

11
Gangolf, Mamertus

Mamerz, Pankraz, Servazi,
das sind drei Lumpazi.

12
Pankratius

Pankraz und Servaz sind zwei
schlimme Brüder, was der Frühling
gebracht, zerstören sie wieder.

13
Servatius

Wer sein Schaf schert vor Servaz,
dem ist die Wolle lieber als das Schaf.

14
Bonifatius

Kein Reif nach Servaz,
kein Schnee nach Bonifaz.

15 Sophia

Vor Nachtfrost bist du sicher nicht,
bevor Sophie vorüber ist.

---

16 Johannes

Erst Mitte Mai ist der Winter vorbei.

---

17 Walter

Viel Gewitter im Mai,
singt der Bauer Juchhei.

---

18 Erich

Wer am Maiabend setzt Bohnen,
dem wird's lohnen.

---

19 Alkuin

Nachtfröste im Mai schädlich sind,
gut hingegen ist der Wind.

---

20 Bernhardin

Weht im Mai der Wind aus Süden,
ist uns Regen bald beschieden.

---

21 Hermann, Josef

Der Mai bringt Blumen dem Gesichte,
aber dem Magen keine Früchte.

Mai

22

Renate, Rita

*Nesseln wachsen im Mai ohne Saaten,
ohne Pflug und ohne Spaten.*

23

Desiderius

*Wenn im Mai die Wachteln schlagen,
läuten sie von Regentagen.*

24

Dagmar, Esther, Magdalena

*Lein, gesät an Esthern,
wächst am allerbesten.*

25

Gregor, Urban

***Das Wetter auf St. Urban
zeigt des Herbstes Wetter an.***

26

Philipp

*Mai kühl, der Juni naß,
füllen uns oft Scheuer und Faß.*

27

Augustinus

Mai ohne Regen, fehlt's allerwegen.

28

Wilhelm

*Wie's im April und Maien war,
so wird das Wetter im ganzen Jahr.*

29 Irmtrud

Auf nassen Mai folgt ein trockener Juni.

30 Ferdinand, Johanna, Wigand

St. Wigand, dieser böse Mann, oft noch Fröste bringen kann.

31 Hiltrud, Mechthild, Petronella

Auf Petronellentag Regen, wird sich der Hafer legen.

Das Schicksal der Eisheiligen

Nicht erst in den letzten Jahren, sondern schon seit Jahrzehnten beobachtet man, daß starke Spätfröste im Mai seltener geworden sind. Die Eisheiligen, im Sinne eines festen Termins um die Monatsmitte, verschwanden allerdings schon früher. Es wird berichtet, daß sie bis 1845 mit großer Regelmäßigkeit auftraten. Danach stellt man diverse Verschiebungen fest, mal zur dritten Maiwoche, mal zum 7. und 19. 5. Heute erfreuen wir uns Mitte Mai oft sogar besonders milder Tage, eine warme Singularität scheint die ehemals kalte zu überdecken. Dafür stellt sich ab dem 20. 5. sehr regelmäßig eine naß-kalte Periode ein.

Man kann das Pferd auch anders aufzäumen, denn die Eisheiligen sind wahrscheinlich schon lange vor Papst Gregors Kalenderreform entstanden. Verschieben wir den Lostag von Pankraz, dem ersten prominenten Kältebringer, um acht Tage nach hinten, landet er auf dem 20. 5. – genau dort, wo heute oft kühle Maitage einsetzen. Diese dauern häufig bis zum Monatsende an und umfassen dann auch die „kleinen Eisheiligen“ Urban und Philipp (25. und 26.): *Urban gibt den Rest, wenn Servaz noch was übrig läßt.* Auch wenn sie nicht mehr ganz so grimmig sind, können bis zu den letzten Maitagen noch leichte Bodenfröste auftreten.

Großvaters Eisheilige sind also nicht so „out“, wie es oft heißt. Die genannten Trendmeldungen schließen nicht aus, daß sie in einzelnen Jahren oder Regionen doch mal wieder stärker zuschlagen – vielleicht sogar zum klassischen Termin. Mildes Maiwetter reizt natürlich, Balkonkästen und Kübelpflanzen früh ins Freie zu bringen oder den Tomaten durch zeitige Pflanzung einen Wachstumsvorsprung zu geben. Solche Eile hat aber schon allerhand Enttäuschungen nach sich gezogen. Es muß nicht unbedingt Frost sein; kühles, nasses Wetter reicht, um empfindlichen Pflanzen zuzusetzen, die schon durch warme Frühlingstage verwöhnt wurden.

Das ist auch der Grund für die verheerende Wirkung von Spätfrösten. Die viel heftigeren Winterfröste verursachen selten solche Ausfälle wie die Nachzügler im April/Mai. Denn mit dem Herbst stellen sich die Pflanzen auf die fallenden Temperaturen ein. Warme Phasen vermindern jedoch diese vorübergehende Frostresistenz. Natürlich sind die Schäden jetzt auch gravierender, weil viele Gewächse schon voll in Saft und Blüte stehen.

Was vor Winterfrost schützte, kann nun gegenteilige Wirkung haben: Mulchschichten unter bereits blühenden Pflanzen sollte man bei Spätfrostgefahr entfernen. Dann kann der Boden nachts mehr Wärme an die darüberliegende Luftschicht abgeben. Auch wegen der feuchteliebenden Schnecken ist es ganz gut, im Spätfrühling vorübergehend auf Mulch zu verzichten. Wenn dann die trockeneren Tage nahen, wird die im Rest des Jahrs so nützliche Bodenbedeckung erneuert.

Beim Erwerbsanbau von Obst, Feldgemüse und Frühkartoffeln nutzt man übrigens bei Spätfrostgefahr eine spezielle Frostschutzmethode: die Beregnung. Das Wasser gefriert auf Blättern und Blüten, dabei wird Wärme frei, so daß die Temperaturen direkt an der Oberfläche der Pflanzenorgane nicht unter den Nullpunkt fallen. Solange der Frost anhält, darf die Beregnung jedoch nicht unterbrochen werden, sonst verkehrt sich die Schutzwirkung der Eisschicht ins Gegenteil. Die Frostschutzberegnung verlangt neben viel Fingerspitzengefühl eine bestimmte Luftfeuchte sowie genau dosierte Wassermengen und ist für den Hausgebrauch nicht zu empfehlen.

Können die Blumen nun raus oder nicht? Antwort gibt vielleicht der Wetterbericht.

Juni *Brachmond*

Wie bereits beim Mai hielten sich die alten Römer auch bei diesem Monat ans weibliche Geschlecht: Juno, die Göttergattin des Jupiter und zugleich Schutzherrin von Rom, wurde mit dem Namen besonders geehrt.

Den Juni könnte man den „Singularitäten-Monat" nennen. Kaum ein anderer Monat ist so deutlich von gleich drei Witterungsregelfällen geprägt, die sehr zuverlässig in zwei von drei Jahren eintreten, und das auch noch mit geringen regionalen Unterschieden. Der erste wird Frühsommer genannt, stellt sich häufig gleich in den ersten Junitagen ein und bringt, wie der Name schon besagt, warm-trockenes Hochdruckwetter. Doch dann kommt, meist um den 10. 6., die altbekannte Schafskälte, oft begleitet von Niederschlägen. Ihr Eintritt hat sich etwas nach hinten verschoben, früher wurde sie häufiger bereits um den 5. 6. beobachtet. Um Siebenschläfer (27. 6.) kann dann ein weiterer Kälterückfall folgen, häufig naß und eine Woche lang anhaltend. Hauptsächlich sind es die Temperaturunterschiede zwischen dem immer noch recht kühlen Atlantik und dem schon stark erwärmten Festland, die solche Kaltlufteinbrüche verursachen. Zum Hochsommer hin werden sie seltener und deutlich schwächer.

Juni ist auch der Ernteprognose-Monat schlechthin, wenn man sich die Bauernregeln ansieht. Dabei werden die einzelnen Wetterelemente und -zeichen sehr unterschiedlich gedeutet, besonders der Regen. Nach wie vor wird er als Wachstumsförderer begrüßt, doch zur bevorstehenden Heuernte (und beim Wein) soll er möglichst Pause machen. Außerdem schielt man schon ängstlich auf den Juli, in dem die Ähren ausreifen sollen.

Die Bezeichnung „Frühsommer" hat mal wieder zwei unterschiedliche Bedeutungen: zum einen den oben genannten sommerlichen Junianfang, zum andern eine neue phänologische Jahreszeit. Diese wird durch die Blüte des Schwarzen Holunder angezeigt, im Durchschnitt am 4. 6. Das erste Heu wird oft um den 12. 6. geerntet. Bereits Ende Juni setzt dann in mittleren Lagen der Hochsommer ein, dessen Kennzeichen der Blühbeginn der Sommerlinde ist.

„Am Johannistag (26. 4.) die erste Kirsch' nach Hause trag."

1 Fortunat, Justin

*Schönes Wetter auf Fortunat
ein gutes Jahr zu bedeuten hat.*

---

2 Marcellinus, Petrus

*Stellt der Juni mild sich ein,
so wird's auch im Dezember sein.*

---

3 Karl

*Auf den Juni kommt es an,
ob die Ernte soll bestahn.*

---

4 Klothilde

*Im Juni, Bauer, bete,
daß der Hagel nicht alles zertrete.*

---

5 Bonifatius

*Wenn im Juni die Mistkäfer
am Morgen fliegen, werden wir
nachmittags Regen kriegen.*

---

6 Norbert

Juni naß – viel Bodengras.

---

7 Robert

*Menschensinn und Juniwind
ändern sich geschwind.*

Juni

8
Medard

St. Medard keinen Regen trag,
es regnet sonst wohl 40 Tag.

9
Ephräm

Gibt's im Juni Donnerwetter,
wird auch das Getreide fetter.

10
Heinrich, Margaret

Margarete – die Regenfrau.

11
Barnabas

Regen an St. Barnabas
währet 40 Tage ohne Unterlaß.

12
Leo

Wenn im Juni die Bremsen stechen,
dann, Bauer, lauf mit dem Rechen.

13
Antonius

Wenn St. Anton gut Wetter lacht,
St. Peter (29.) viel in Wasser macht.

14
Gottschalk

Was es in die Rosen regnet,
wird in den Feldern mehr gesegnet.

15 Lothar, Vitus, Veit

***Der Wind dreht sich um St. Veit,
da legt sich's Laub auf die andere Seit'.***

---

16 Benno

*Wer auf Benno baut
kriegt viel Flachs und Kraut.*

---

17 Rainer, Gundolf

*Im Juni kann des Nordwinds Horn
noch nichts verderben am Korn.*

---

18 Elisabeth

*Kalter Juniregen bringt Wein
und Honig keinen Segen.*

---

19 Gervasius, Romuald

*Wenn es regnet an Gervasius,
es 40 Tage regnen muß.*

---

20 Adalbert

*Fällt Juniregen in den Roggen,
dann bleibt der Weizen auch nicht
trocken.*

---

21 Aloisius

*Wenn im Juni springen die Fische,
so kündet das Gewitterfrische.*

Juni

22
Paulinus, Thomas

Brachmond naß, kalt, kühl und trocken,
gibt's oft was in die Milch zu brocken.

23
Edeltraud

Viermal Juniregen
bringt zwölffachen Segen.

24
Johannes der Täufer

Johannis tut dem Winter
wieder die Türe auf.

25
Dorothea, Eleonore

Der Kuckuck kündet gar teure Zeit,
so er nach Johanni (24.) schreit.

26
Vigilius

Im Juni viel Donner,
bringt einen trüben Sommer.

27
Cyrill, Siebenschläfer

Regnet's am Siebenschläfertag,
es noch sieben Wochen regnen mag.

28
Ekkehard, Irenäus

Wenn naß und kalt der Juni war,
verdirbt er meist das ganze Jahr.

29 Peter und Paul

Petrus schwimmt im Schiff daher oder im Schiff dahin.

30 Otto

Fliegen Ende Juni die Fledermäus umher, gibt's schönes Wetter um so mehr.

Siebenschläfer und Johanni

Zum Ursprung der Bezeichnung „Siebenschläfertag" gibt es unterschiedliche Versionen – wie könnte es auch anders sein? Das gleichnamige putzige Tier hat allerdings nichts damit zu tun. Am wahrscheinlichsten standen sieben schlafende Brüder Pate. In der Zeit der Christenverfolgung versteckten sie sich in einer Höhle und wurden darin eingemauert. 200 Jahre, so will es die Märtyrerlegende, schliefen sie dort den Schlaf der Gerechten. Als man sie dann entdeckte und befreite, erwachten sie wieder. Die Begebenheit ist noch mit einem weiteren Gedenktag festgehalten, dem Siebenbrüdertag am 10. 7.

Auch zur langjährigen Gültigkeit der Siebenschläfer-Prognose findet man verschiedene Angaben. Je nach Untersuchungsort und -zeitraum zeigt das Wetter am 27. 6. die Witterung der Folgewochen ganz selten, nur mit Zufallstrefferquote oder aber recht häufig an. Letzteres gilt z. B. für den Raum München, an der Nordseeküste dagegen kann man sich kaum darauf verlassen. Nach Kalenderreform und früheren Verschiebungen müßte man den Lostag jedoch verlegen, je nach Zeitpunkt seiner Entstehung sechs bis zehn Tage nach hinten. Tatsächlich zeigen sich alle Tage um den 7. 7. als noch zuverlässigere Boten für die nächsten Wochen. Und das nicht nur, wenn es am Stichtag regnet; umgekehrt hält auch Trockenheit oft über längere Zeit an. Zu den Lostagen für die sich Anfang Juli einpendelnde Wetterlage darf man auch Mariä Heimsuchung (2. 7.) und Siebenbrüdertag rechnen. Beide sind seit alters eigenständige Lostage, die aber dasselbe vorhersagen wie die Siebenschläfer-Regel.

Juni

Die Stabilisierung Anfang Juli – im Guten wie im Schlechten – hat auch mit der Sonne zu tun, die am 21. 6. ihren höchsten Stand erreicht. Lange vor der Kalenderreform fiel dieses Ereignis auf St. Veit, den 15. 6.: *St. Veit den längsten Tag,/Luzia (13. 12.) die längste Nacht vermag/St. Gregor (12. 3.) und das Creutz (14. 9.) auch macht/den Tag so lang gleich als die Nacht.* Die wahrscheinlich um 1400 entstandene Regel veranschaulicht sehr schön die Auswirkungen des alten Julianischen Kalenders. Alle Jahreszeitenanfänge waren sechs bis acht Tage nach vorn „gerutscht".

Der Johannistag am 24. fiel jedoch auch früher nie auf den Sommeranfang, obwohl vielfach mit Sonnenwendfeiern und -feuern verknüpft. Im Garten hat er eine andere, wichtige Bedeutung: Der 24. 6. ist Stichtag für die letzte Rhabarber- und Spargelernte. Das Bleichgemüse muß danach Kräfte sammeln, um bis zum nächsten April wieder ansehnliche Stangen zu bilden. Beim Rhabarber hängt der Erntestop mit dem zunehmenden Oxalsäuregehalt zusammen: Ende Juni erreicht er Konzentrationen, die gesundheitsschädigend sein können.

In Großvaters Bauernregeln ist der 24. 6. auch gut für Ernteprognosen: *Regnet's am Johannistag, nasse Ernte man erwarten mag.* Kräutern, die an diesem Stichtag gesammelt wurden, schrieb man besondere Heilkraft zu. Außerdem heißt es: *Am Johannistag die erste Kirsch' nach Hause trag* – für die Frühkirschen noch heute zutreffend. Und die Johannisbeeren tragen den Zeitpunkt des Erntebeginns bereits im Namen. Schließlich kennt man auch die unerwünschten Johannistriebe; das sind Seitensprosse, die Ende Juni noch einmal durchtreiben und mit der sich entwickelnden Frucht um Nährstoffe konkurrieren.

Nach dem Johannistag gönnt man dem Spargel seine Ruhe, damit er auch im nächsten Jahr wieder gute Ernten liefert.

Juli *Heumond*

Nachdem mit den letzten Monaten zwei Göttinnen die Ehre erwiesen wurde, kommen nun die Kaiser an die Reihe: Julius Cäsar, ruhmreicher Feldherr und Kalenderreformer, hat sich im Monatsnamen Juli verewigt.
Juli schön und klar gibt ein gutes Bauernjahr: Für die bevorstehende Ernte des Wintergetreides, die Entwicklung anderer Feldfrüchte sowie die Abreife des Obstes dokumentieren die Bauernregeln den Wunsch nach viel Sonne und wenig Regen. Doch Meeresluft sorgt in diesem Monat immer wieder für erhöhte Luftfeuchte. In Kombination mit Wärme führt das zu heftigen Gewittern. Ihre „Luftreinigung“ und konzentrierte Regengabe werden in Großvaters Ernteregeln begrüßt: *Ein tüchtig Juligewitter ist gut für Winzer und Schnitter.* Gefürchtet jedoch war natürlich der Hagel, der mit solchen Wärmegewittern zuweilen einhergeht. Für die Vorhersage des Wintercharakters taugt der Juli nur mäßig. *Juli trocken und heiß, Januar kalt und weiß:* Das trifft im langjährigen Durchschnitt nur bei jedem zweiten „mediterranen“ Juli zu. Und genauso präsentieren sich sehr häufig die ersten zwei Juliwochen: trocken und heiß. Die Meteorologen sprechen vom ersten Hochsommer, der sich wenigstens jedes zweite Jahr einstellt und von kontinentaler Warmluft aus Richtung Osten geprägt ist. Doch danach kommen häufig wieder Luftmassen aus Norden und Westen zum Zuge; es wird kühler und vor allem recht naß. Diese Monsunwelle endet ziemlich genau mit dem Beginn der Hundstage am 23. 7. Sie dauern bis zum 23. 8. an, allerdings nicht im Sinne einer Wetterphase, sondern als astronomische Periode. In diesem Zeitraum geht die Sonne fast gleichzeitig mit dem Sirius, auch Hundsstern genannt, auf. Die trockene, heiße Zeit, die man als Hundstage kennt, konzentriert sich meist auf die letzte Juli- und erste Augustwoche, kann aber oft bis zur Augustmitte andauern.
Auch nach dem phänologischen Kalender befinden wir uns nun im Hochsommer, die Sommerlinde blüht jetzt ebenso wie die etwas spätere Winterlinde (durchschnittlich ab 5. 7.).

„St. Margaret (13. 7.) führt die Schnitter ins Korn.“

1 Dietrich

Wenn der Juli fängt mit Tröpfeln an,
so wird man lange Regen han.

2 Wiltrud, Mariä Heimsuchung

Fällt Regen an Mariä Heimsuchungstag,
er 40 Tag' lang währen mag.

3 Thomas

Wie die heilige Jungfrau (2.) fortgegangen,
wird Magdalena (22.) gern empfangen.

4 Elisabeth, Ulrich

Wenn's am Ulrichstag donnert,
fallen die Nüsse vom Baum.

5 Antonius

Bringt der Juli heiße Glut,
gerät auch der September gut.

6 Maria

Was im Herbste soll geraten,
das muß die Julisonne braten.

7 Willibald

Die Julisonne arbeitet für zwei.

Juli

8
Kilian

An St. Kilian säe Rüben
und Wicken an.

9
Veronika

Die Julisonne kann noch so lange
auf eine Distel scheinen,
es wird trotzdem keine Rose daraus.

10
Erich, Knud, Sieben Brüder

Ist Siebenbrüder ein Regentag,
so regnet's noch sieben Wochen
danach.

11
Benedikt

Ist der Juli trocken,
hat der Bauer gute Brocken.

12
Felix, Nabor

Nur in heißer Juliglut
werden Obst und Wein auch gut.

13
Heinrich, Margarethe, Mildred

Wie's Wetter an St. Margaret,
dasselbe noch vier Wochen steht.

14
Kamilius, Ulrich

Der Juli bringt die Sichel
für Hans und Michel.

15 Bernhard, Apostelteilung

Ist Apostelteilung schön,
kann das Wetter der sieben Brüder gehen.

16 Carmen

Juliregen nimmt jeden Erntesegen.

17 Alexius, Marina

Regen nach Alexe wird zur alten Hexe.

18 Arnold, Arnulf

So selten wie ein Kopf ohne Nagel,
so selten ein Juli ohne Hagel.

19 Bernold, Vinzenz

Vinzenz Sonnenschein
füllt die Fässer mit Wein.

20 Margaretha

Regen am Margarethentag
sagt dem Hunger guten Tag.

21 Laurentius

Wenn im Juli die Immen noch bauen,
mußt dich nach Holz und Torf
umschauen.

Juli

22 Maria Magdalena, Verena

Magdalena weint um ihren Herrn, drum fällt an ihrem Tag der Regen gern.

23 Birgitta, Apollinaris

Klar muß Apollinaris sein, soll sich der Bauer freun.

24 Christine, Christophorus, Sieglind

Wie das Wetter, wenn der Hundsstern aufgeht, so wird's bleiben, bis er untergeht.

25 Jakobus

Gegen Margarethen (20.) und Jakoben die stärksten Gewitter toben.

26 Anna, Joachim

Ist St. Anna erst vorbei, kommt der Morgen kühl herbei.

27 Berthold, Felix

Hundsstern, Freund des Sirius, der bringt den Schweiß so recht in Fluß.

28 Benno, Innozenz

Hundstage heiß – Winter lange weiß.

29 Martha

So gülden die Sonn' im Juli erstrahlt,
so gülden sie uns die Ernte malt.

30 Petrus

Hundstage hell und klar
zeigen an ein gutes Jahr.

31 Ignatius, Herrmann

Hagelt's im Juli und August,
so ist es aus mit des Bauern
Freud und Lust.

Regen bringt Segen

Der Juli ist nicht nur unser wärmster Monat, sondern auch der regenreichste. Wenn sich diese beiden Eigenschaften in ausgewogener Mischung einstellen, macht das Gärtnern besonders Spaß: *Wechselt stets Regen und Sonnenschein, so wird's bald viel der Ernte sein.* Doch leider kommt der Regen selten so schön verteilt und nie auf Bestellung. Obwohl die Statistik reichlich Sommerniederschläge registriert, sind längere Trockenzeiten im Juli und August nicht selten.

Wohl dem, der dann eine Regentonne im Garten hat oder gar über eine Regenwassersammelanlage verfügt. Das gesammelte Naß, in einer Regentonne angenehm temperiert, bekommt den Pflanzen ohnehin wesentlich besser als das kühle, oft harte, kalkhaltige Leitungswasser. Dessen Verwendung als Gießwasser erhöht zudem unnötig die Wasserrechnung. Für die Regentonne wird heute allerlei hilfreiches Zubehör angeboten, vom Fallrohr mit Klappe und Ventil bis hin zur Pumpe mit Verteiler, die bequemes Arbeiten mit dem Schlauch erlaubt. Auf das erste Regenwasser nach längerer Trockenheit wird allerdings besser verzichtet. Dann haben sich auf den Dächern beachtliche Schadstofffrachten angesammelt; die sollte man „abregnen" lassen und das Wasser in die Kanalisation umleiten.

Juli

Wenn manche Blumen im Sommer ihre Blüten schließen oder gar nicht erst öffnen wollen, zeigen sie uns kommenden Regen an, so das Mittagsgold *(Gazania)* und die Mittagsblumen *(Delosperma, Mesembryanthemum)*. Hängende Blütenköpfe und zusammengefaltete Blätter verschiedener Kleearten *(Trifolium)* künden von nahendem Unwetter, ebenso die geschlossenen Hüllblätter der Silberdistel *(Carlina acaulis)*, die deshalb auch Wetterdistel genannt wird. Wegwarte und Ackerwinde dagegen sind keine Regenkünder, sie schließen ihre Blüten je nach Tageszeit. Doch das schon im April/Mai blühende „Regenblümchen" (Sternmiere, *Stellaria holostea*) entfaltet seine Blütenblätter ebenfalls nur, wenn kein Regen droht. In all diesen Fällen reagieren die empfindsamen Pflanzenteile sehr früh auf eine Erhöhung der Luftfeuchte. Dann bleiben übrigens auch Tannen- und Fichtenzapfen fest geschlossen; bei trockener Luft spreizen sie dagegen die Schuppen weit nach außen.

Viele Bauernregeln nennen auch bodennahes Kleingetier als Regenboten, z. B. *Wenn die Ameisen sich verkriechen, werden wir Regen kriegen.* Das „Verkriechen" selbst kann man vielleicht nicht beobachten, wohl aber eine sehr aufgeregte Bewegung im Staate der Ameisen. *Wenn im August viele Goldkäfer laufen, braucht der Wirt den Wein nicht kaufen,* verweist auf ein ähnliches Insektenverhalten und nennt auch gleich die Auswirkung des Regens auf die Weinqualität. Sicher wurden bei der Deutung solcher Zeichen manchmal Ursache und Wirkung durcheinandergeworfen. So heißt es z. B.: *Kriechen die Regenwürmer aus der Erde, gibt's Regen.* Doch wenn die sonnenscheuen Tiere tatsächlich in die obere Erdschicht kommen, muß die Luft schon sehr feucht sein. Zuverlässigere Vorboten sind da schon eher die unliebsamen Schneckenversammlungen im Garten: *Kriechen große Spinnen, Würmer und Schnecken über die Wege, dann kommt es sicher bald zum Regen.* Für die Gewittervorhersage speziell im Juli schließlich noch eine Variation zu den stechmückengeplagten Kühen (vgl. S. 44): *Schnappt im Heumond das Weidevieh nach Luft, so riecht es schon Gewitterluft.*

Wohl dem, der eine Regentonne im Garten hat . . .

August

August *Erntemond, Ernting*

Nach dem römischen Kaiser Augustus ist unser letzter Sommermonat benannt. Da Julius Cäsar schon einen „Gedenkmonat“ mit 31 Tagen hatte, durfte dieser Kaiser nicht geringer eingestuft werden. Deshalb hat der August dieselbe Tagesanzahl.

Der deutsche Name Erntemond weist schon darauf hin, wie man sich früher den August wünschte: *Trockener August ist des Bauern Lust.* Und für die Obsternte sowie später die Weinernte sollte es natürlich möglichst sonnig sein, denn die abnehmende Tageslänge macht sich allmählich bemerkbar. Die Luft kühlt über Nacht stärker ab, des Morgens dann angezeigt durch Tau und fühlbare Frische. *Der August ist des Winters Anfang,* heißt es dazu in einer Bauernregel.

Doch ganz so pessimistisch muß man das nicht sehen, schließlich dauern die warmen Hundstage oft noch bis zum 17. 8. an. Dann setzt häufig eine kühle, nasse Periode ein, die manchmal erst zum Monatsende durch den warmen Spätsommer abgelöst wird. Hochdruck über Mitteleuropa, heißt dann oft bis Mitte September die Devise.

Im Regelwerk der bäuerlichen Ahnen häufen sich nun schon die Prophezeiungen für den kommenden Herbst und Winter. *Macht der August uns heiß, bringt der Winter viel Eis* – diese Vorhersage läßt sich nicht bestätigen. Schon etwas zuverlässiger die zeitliche Eingrenzung: *Ist's in der ersten Augustwoche heiß, bleibt der Winter lange weiß.* Den größten Vorhersagewert zeigte in Untersuchungen der Bartholomäustag am 24. 8., er gibt Hinweise auf den kommenden Herbst.

Doch zunächst beginnt, im langjährigen Mittel am 7. 8., der phänologische Spätsommer, festgestellt anhand der Pflückreife des Apfels. Dabei orientiert man sich vorzugsweise an frühen Sorten wie ‘Klarapfel’ oder ‘Discovery’. Sortenabhängig ist auch die Reife anderer Kulturpflanzen. Trotzdem werden entsprechende Durchschnittstermine ermittelt, so für die Ernte von Sommergerste (ab 1. 8.), Winterweizen (8. 8.), Hafer (9. 8.), Frühkartoffeln (9. 8.) und Frühzwetschgen (19. 8.). Mit den Früchten des Schwarzen Holunders und der Herbstzeitlosenblüte setzt schließlich am 31. 8. der Frühherbst ein.

„Läßt St. Lorenz (10. 8.) den Weinberg braten, wird die Traube wohl geraten.“

1 Alfons, Petri Kettenfeier

Ist's von Petri bis Lorenzi (10.) heiß,
dann bleibt der Winter lange weiß.

2 Eusebius

Fängt der August mit Donnern an,
er's bis zum Ende nicht lassen kann.

3 Benno, Lydia

Soll der nächste Wein gedeih'n,
muß St. Benno windstill sein.

4 Dominikus, Johannes

Je mehr Dominikus schürt,
um so mehr man im Winter friert.

5 Oswald

Oswaldtag muß trocken sein,
sonst wird teuer Korn und Wein.

6 Adelheid

Was die Hundstage gießen,
muß die Traube büßen.

7 Afra, Sixtus

An St. Afra Regen
ist für den Bauer ungelegen.

August

8
Cyriakus, Dominik

*Wenn's im August taut,
bleibt das Wetter traut.*

9
Edith

*Augustsonne, die früh schon brennt,
nimmt nachmittags kein gutes End'.*

10
Astrid, Laurentius

Laurenz setzt den Herbst an die Grenz'.

11
Klara, Susanna

*Der August muß Hitze haben,
sonst wird des Obstbaums Segen
begraben.*

12
Johannes, Radegund

*Einer Rebe und einer Geiß
wird es im August nie zu heiß.*

13
Kassian

***Wie das Wetter an Kassian,
hält es noch viele Tage an.***

14
Maximilian

*August ohne Feuer
macht das Brot teuer.*

15 Mariä Himmelfahrt

Wie das Wetter am Himmelfahrtstag, so es noch zwei Wochen bleiben mag.

---

16 Rochus, Stephan

Wenn St. Rochus trübe schaut, kommt die Raupe in das Kraut.

---

17 Jutta

Wenn die Schwalben Mitte August schon ziehn, sie vor naher Kälte fliehn.

---

18 Claudia, Helene

Im August viel Regenschauer, viel Verdruß für jeden Bauer.

---

19 Johannes

Singen im August die Finken vor Sonnenaufgang, so verkünden sie Regen.

---

20 Bernhard

Donner im August deutet auf Schmutz zu Weihnachten.

---

21 Balduin, Pius

Nasser August, der macht gar teure Kost.

August

22
Regina, Siegfried

Wenn im August viele Goldkäfer laufen,
braucht der Wirt den Wein nicht kaufen.

23
Rosa

Gewitter um Bartholomä (24.)
bringen Hagel und Schnee.

24
Bartholomäus

Wie Bartholomäitag sich hält,
so ist's auch im Herbst bestellt.

25
Joseph, Ludwig

Was der August nicht kocht,
brät auch der September nicht.

26
Gregor

Im August Wind aus Nord
jagt unbeständig Wetter fort.

27
Gebhard, Monika

Wie der August war,
wird der nächste Februar.

28
Augustinus, Elmar

An Augustin
gehen die armen Tage dahin.

29 Enthauptung Johannes des Täufers

Regen an Johannis Enthauptung
verdirbt alle Nüsse.

30 Felix, Heribert

Bischof Felix zeiget an,
was wir 40 Tag' für Wetter han.

31 Paulinus, Raimund

St. Raimund treibt die Wetter aus.

Das Klima im Garten

Wenn an den heißen Hundstagen Bäume kühlen Schatten spenden oder Teich und Bachlauf für etwas Frische sorgen, wird angenehm das spürbar, was man Kleinklima nennt. Unser Regional- und Ortsklima können wir kaum beeinflussen, aber im Areal vor der Haustür kann man die Auswirkungen der Wetterelemente ein klein wenig steuern. Doch gesteuert wird das Gartenklima zunächst einmal von Lage, Geländeform, Bebauung der Nachbargrundstücke und ähnlichen Faktoren vor Ort. Gerade wenn man einen neuen Garten anlegt, ist es wichtig, solche Umstände von vornherein zu berücksichtigen. Ein Garten am Stadt- oder Dorfrand ist normalerweise viel stärker allen Witterungseinflüssen ausgesetzt als ein Grundstück inmitten von Häusern. Dichte Bebauung schützt vor Winden und sorgt teils für etwas höhere Temperaturen als im Umland. Allerdings können z. B. zwischen Reihenhäusern regelrechte Windkanäle entstehen, und natürlich werfen Nachbargebäude oft unliebsamen Schatten. Winde machen sich auch in Hanglagen unangenehm bemerkbar, dort muß man ganz besonders an ihre austrocknende Wirkung denken. Erschwerend kommt der Wasserabfluß am Hang hinzu, so daß solche Standorte manchmal sehr

trockenheitsgefährdet sind. Mit einem Garten am Südhang kann man sich allerdings glücklich schätzen. Aufgrund des recht flachen Einfallswinkels der Sonne im Frühjahr und Herbst gedeihen hier wärmeliebende Pflanzen besonders gut. Dagegen können Spät- und Frühfröste besondes zu schaffen machen, wenn das Grundstück in einer Senke liegt.

Den beim Südhang genannten Effekt macht sich auch zunutze, wer z. B. eine Birne als Spalierobst an einer Südwand zieht. Durch den günstigen Sonneneinfallswinkel im Frühjahr entfalten sich die Pflanzen etwas früher, im Herbst wird die Fruchtreife gefördert. Zudem gibt die Mauer nachts die über Tag gespeicherte Wärme ab, so daß sich die Gefahr von Spät- und Frühfrösten verringert. Aufgrund dieses Wärmespeichereffekts gedeihen auch Pflanzen im Steingarten besonders gut, wenn sie in der Nähe eines großen Gesteins plaziert werden.

Mauern schützen zudem vor Wind; doch wer mit diesem Wetterelement ein besonderes Problem hat, sollte besser pflanzen statt bauen, sofern er genügend Platz für eine Hecke hat. Eine Strauchpflanzung fügt sich schöner in den Garten ein als ein Gemäuer und bietet außerdem Lebensraum und Unterschlupf für Vögel und andere Tiere. Außerdem hat ein starrer Windschutz einen Nachteil: Er wehrt den Wind zwar in der nächsten Umgebung vollständig ab, doch hinter dieser Einflußzone bilden sich Wirbel, und schließlich wird die Wirkung des Windes sogar verstärkt. Auch eine zu dichte Pflanzung hat diesen Effekt einer „Totalbremsung“ mit unangenehmen Folgen. Am besten eignet sich eine gemischte Hecke aus verschiedenen windfesten Sträuchern, z. B. Weißdorn, Kornelkirsche und Feldahorn. Für die Reichweite des Windschutzes gilt ganz grob die Formel „Höhe x 20“, bei einer 2,5 m hohen Hecke also ca. 50 m. Ob Mauer oder Hecke, Wind- oder Sichtschutz – natürlich schafft man sich mit solchen Einrichtungen immer auch Schattenbereiche; dies sowohl im Sinne verhinderten Lichteinfalls als auch in Form des sogenannten Regenschattens. Solch trokkene und gleichzeitig dunkle Standorte sind besonders problematisch. Nur wenige Pflanzen, wie etwa die Bergenie, kommen mit diesen Verhältnissen zurecht.

„Birnen, gepflanzt als Südspalier, gedeihen wohl, das rat' ich dir.“

September

September *Herbstmond, Scheiding*

Ab diesem Monat wird die römische Namensgebung recht eintönig; von nun an sind es reine „Zählmonate" – von sieben (septem) bis zehn (decem). Dies verweist wieder auf den ursprünglichen Jahresanfang im März, der bereits erwähnt wurde. Warum die Römer die alte Monatsnumerierung beibehielten, obwohl sie nach der Kalenderreform offensichtlich nicht mehr stimmte, dürfte eins der kleineren Rätsel der Geschichte bleiben.

Daß man sich um Namen streiten kann, zeigt auch der Begriff „Altweibersommer" (vgl. S. 124). Doch unumstritten ist diese warmtrockene Phase sehr angenehm. Sie stellt sich in zwei von drei Jahren in der letzten Septemberwoche ein. Eine ähnliche, noch etwas wärmere Witterung bestimmt oft auch den Septemberanfang, während es um die Monatsmitte nicht selten kühl, feucht und unbeständig wird. Doch ansonsten überwiegen die stabilen Hochdrucklagen, oft bis in den Oktober hinein. Auf diese Erhaltungsneigung schönen Herbstwetters weisen die Kalendariumsregeln vom 7. bis 9. des Monats hin. In Norddeutschland allerdings macht feuchte Meeresluft aus Nordwest oft einen Strich durch die Bauernregel-Rechnung.

Bringen die kühleren Nächte im August oft nur Tau hervor, mehrt sich jetzt – bei weiterer Temperaturabnahme – die Nebelbildung. Von Wettercharakter und den Tagestemperaturen her ähnelt der erste Monat im Herbst dem letzten des Frühlings: *Durch des Septembers heit'ren Blick schaut der Mai noch mal zurück.* Was den Regen betrifft, gibt es deutliche Meinungsverschiedenheiten zwischen Acker- und Weinbaufraktion: *Im September kommt der Regen wohl dem Bauern stets gelegen; doch wenn er den Winzer trifft, ist er grad so gut wie Gift.*

Während man mancherorts noch Holunderbeeren, die Zeichen des Frühherbstes, erntet, reifen schon die Früchte der Roßkastanie heran. Dies gilt als Startschuß für den Vollherbst, im Mittel am 21. 9. Die Schwalben machen sich durchschnittlich am 15. 9. auf den Weg in wärmere Gefilde. Ein ähnlicher Termin wurde dafür schon vor Jahrhunderten festgehalten: *Mariä Geburt (8. 9.) ziehen die Schwalben furt. St. Gorgon bringt die Lerchen davon,* hieß es dann einen Tag später.

„Willst du Korn im Überfluß, sä' es an Ägidius (1. 9.)."

1 Ägidius, Ruth, Verena

Gib auf Ägidien wohl acht,
er sagt dir, was der Monat macht.

2 Ingrid

Nach Ägidius (1.) ziehen
die Gewitter wieder heim.

3 Gregor, Sophie

September schön in den ersten Tagen,
will den ganzen Herbst ansagen.

4 Ida, Rosa, Rosalia

Was der Juli verbrach,
holt der September nicht nach.

5 Roswitha

Ist der September lind,
wird der Winter ein Kind.

6 Gundolf, Magnus

St. Mang sät den ersten Strang,
Mariä Geburt (8.) säet furt.

7 Otto, Regine

Ist St. Regine warm und wonnig,
bleibt das Wetter lange sonnig.

September

8 Sergius, Mariä Geburt

Wie sich das Wetter an Mariä Geburt verhält, ist's noch weitere vier Wochen bestellt.

9 Gorgon, Otmar

Ist's St. Gorgon schön,
so wird man 40 schöne Tage sehn.

10 Nikolaus

Nie hat der September zu braten vermocht,
was der August nicht hat gekocht.

11 Felix, Regula, Protus

Wenn's an Protus nicht näßt,
ein dürrer Herbst sich sehen läßt.

12 Mariä Namen

An Mariä Namen
sagt der Sommer sein Amen.

13 Johannes, Tobias

Donnert's im September noch,
wird der Schnee um Weihnacht hoch.

14 Kreuzerhöhung

Ist's hell am Kreuzerhöhungstag,
so folgt ein strenger Winter nach.

15

Dolores

*Sind im September noch viel Fliegen
an der Wand, so hält die Sonne
dem Froste stand.*

16

Cornelius, Ludmilla

***St. Ludmilla, das fromme Kind,
bringt gern Regen und viel Wind.***

17

Hildegard, Robert

*Fällt im September Schnee in der Alp,
kommt der Winter nicht so bald.*

18

Lambert

*Trocken wird das Frühjahr sein,
ist St. Lambert klar und rein.*

19

Bertold

***Wenn die Spinnen weben im Frei'n,
kann man sich lang schönen
Wetters erfreuen.***

20

Eustachius

*Später Septemberregen
kommt Saat und Vieh gelegen.*

21

Matthäus

***Wie's St. Matthis treibt,
es vier Wochen bleibt.***

September

22 Mauritius

Zeigt sich klar Mauritius,
viele Stürm' er bringen muß.

---

23 Linus, Thekla

Gewitter um Mauritius (22.)
bringen Schaden und Verdruß.

---

24 Hermann, Rupert, Virgil

Wie der erste Neumond nach Herbstanfang,
so die Witterung bis Winteranfang.

---

25 Kleophas, Nikolaus

Nebelt's an St. Kleophas,
wird der ganze Winter naß.

---

26 Kosmas, Damian, Eugenia

St. Cosmas und St. Damian
fängt das Laub zu färben an.

---

27 Hiltrud, Vinzenz

Kühler September – kalter Oktober.

---

28 Lioba, Wenzel

Wie viel Fröste vor St. Wenzeslaus fallen,
so viel werden nach Philippi
und Jakobi (1.5.) folgen.

29 Gabriel, Michael, Raphael

Kommt Michael heiter und schön,
wird es noch vier Wochen so gehn.

30 Hieronymus

Von Michel und Hieronymus
mach' aufs Weihnachtswetter den Schluß.

Der Altweibersommer

Der gängige Name für die häufig milden, sonnigen Tage Ende September wird dieser schönen Zeit eigentlich nicht gerecht. Da haben die Amerikaner mit ihrem „Indian Summer" einen viel attraktiveren Begriff geprägt. Denn interessanterweise stellt sich in Nordamerika etwa um dieselbe Zeit eine ähnliche Witterung ein. Bei uns gab es vor Jahrhunderten auch die Bezeichnung Witwensommer oder St.-Michaelis-Sommer, nach dem am 29. 9. geehrten Heiligen. Doch durchgesetzt hat sich der bekannte Ausdruck, der nach verbreiteter Lesart ähnliche Bedeutung hat wie der „zweite Frühling" eines älteren Menschen. In der manchmal derben Sprache unserer Vorfahren war das bei Männern der „Johannistrieb" und bei Frauen eben der Altweibersommer. Heute sind manche Frauen von diesem Wort, das alljährlich durch die Medien geht, gar nicht begeistert, es wurde sogar schon versucht, gerichtlich dagegen vorzugehen.

Dabei war die Benennung der Schönwetterperiode ursprünglich wohl gar keine Anspielung auf den „zweiten Frühling". Ausgangspunkt dürften die im Frühherbst häufig zu sehenden Spinnengewebe gewesen sein, die manchmal auch in der Luft schweben. Man nannte sie im Mittelalter „fliegende Sommer". Baumeisterinnen sind oft die Krabbenspinne sowie die Herbstspinne, die ausgedehnte Netze hervorbringt, denen der Kreuzspinne ähnlich. Manchmal wird von den Spinnenfäden auch ein Bezug zum Treiben der Nornen hergestellt. Das sind Göttinnen der altnordischen Mythologie – sie spinnen die Lebensfäden des Menschen. Als „Messende" des Schicksals wurden sie in Norddeutschland zu den „Metten", und tatsächlich findet man dort auch

den Begriff Metten- oder Mettkensommer. Die gelegentliche Verfälschung zu „Mädchensommer" hätte den Nornen bestimmt viel besser gefallen, als zu „alten Weibern" gemacht zu werden.
Als wollten sie den Namenswirrwarr um unsere schönsten Herbsttage komplett machen, bieten uns die Bauernregeln auch noch weitere Variante an: *Ist's zu Allerheil'gen (1. 11.) rein, tritt Altweibersommer ein.* Altweibersommer im November? Tatsächlich stellt sich in diesem sonst so unfreundlichen Monat um den 10. gelegentlich eine recht milde Witterung ein, die allerdings den Vergleich mit dem Frühherbst scheuen muß: Häufig ist sie feucht und regnerisch. Doch in einzelnen Jahren können die Temperaturen bis auf fast sommerliche Höhen klettern. Nach dem schon mehrfach genannten Prinzip der Lostagsverschiebung fiele der Allerheiligentag früherer Jahrhunderte exakt in den Zeitraum unserer heutigen Warmphase. Dazu paßt auch hervorragend der St.-Martins-Sommer (11. 11.), von dem einige nicht ganz so alte Bauernregeln sprechen. Dies ist einmal mehr ein Indiz, daß sich manche Witterungsregelfälle über mehrere Jahrhunderte hinweg gehalten haben und sich immer noch um dasselbe Datum einstellen.

Namen sind Schall und Rauch, denkt sich Großmutter und genießt einfach die schönen Herbsttage unterm Apfelbaum.

Oktober *Weinmond, Gilbhart*

Bei den Römern nur ein weiterer Zählmonat, wird der Oktober in den alten deutschen Namen anhand des wichtigsten Ernteguts oder der herbstlichen Laubfärbung benannt. Die Blattfärbung von Stieleiche und Roßkastanie spielt im phänologischen Kalender eine besondere Rolle; meist schon Anfang Oktober beginnt damit der Spätherbst. Am 26. 10. geht's dann im langjährigen Mittel in die Weinberge, um die ersten Trauben heimzubringen. Ende des Monats geht vielerorts der Winterweizen auf. Damit setzt nach dem Naturkalender der Winter ein, auch ersichtlich am Ende der Feldarbeiten und des Weidegangs.

Die Erhaltungsneigung des oft freundlichen Wetters des Vormonats läßt auf einen guten Wein hoffen und erfreut zuweilen mit einem „goldenen Oktober". Spätestens ab Mitte des Monats gibt es aber einen Vorgeschmack auf winterliche Kälte. Man muß mit ersten Nachtfrösten rechnen, und es wird allerhöchste Zeit, empfindliche Pflanzen z. B. mit einer Abdeckung aus Laub und Reisig zu schützen. Was die Niederschläge betrifft, kann der Oktober alle Register ziehen: von knochentrocken über ziemlich feucht bis hin zu ersten Schneefällen.

Früher Schnee wird auch in mehreren Bauernregeln angesprochen und z. B. für den 28. 10. vorhergesgt. Er soll zudem Auskunft über den kommenden Winter geben: *Schneit's im Oktober gleich, dann wird der Winter weich* – eine Regel, an der durchaus etwas dran ist. Auch Oktoberfrost und -gewitter erlauben Vorhersagen für den Winter, wie aus den nachfolgenden Kalenderregeln ersichtlich wird.

Weitere Schlüsse zog man aus dem Verhalten der Natur: *Fällt das Laub sehr bald, wird der Herbst nicht alt.* Umgekehrt: *Späte Rosen im Garten, der Winter läßt warten.* Wir wissen allerdings, daß manchmal Kälte und Frost dem anhaltenden Prachtflor ein jähes Ende setzen können. Über die Härte oder Milde des kommenden Winters sagt die Dauer der Rosenblüte nicht allzuviel. Auch dickes Hasenfell oder hohe Ameisenhügel halten oft nicht, was manche Bauernregeln versprechen, nämlich die Vorhersage eines strengen Winters.

„Nach dem Tag St. Gall (16. 10.) bleibt die Kuh im Stall."

1 Remigius, Theresia

Regen an St. Remigius
bringt für den ganzen Monat Verdruß.

---

2 Leodegar

Laubfall an Leodegar
kündet an ein fruchtbar Jahr.

---

3 Ewald, Gerhard, Udo

Sind die Zugvögel nach
Michaeli (29. 9.) noch hier,
haben bis Weihnacht lind' Wetter wir.

---

4 Franz

Bringt der Oktober noch Gewitter,
wird der Winter meist ein Zwitter.

---

5 Meinolf

Oktober und März
gleichen sich allerwärts.

---

6 Bruno

Siehst Wildgänse du im Oktober
südwärts fliehn,
so wird der Winter schon bald einziehn.

---

7 Gerold

Wenn die Bäume zweimal blühn,
wird der Winter sich lange ziehn.

Oktober

8 Laurentia, Simeon

*Weinmond warm und fein,
kommt ein strenger Winter 'drein.*

9 Dionysius

*Regnet's an St. Dionys,
wird der Winter naß gewiß.*

10 Viktor

Oktober rauh, Januar flau.

11 Bruno

*Kommt die Feldmaus in das Dorf,
so kümm're dich um Holz und Torf.*

12 Jakob, Maximilian

*Viel Nebel im Oktober –
viel Schnee im Winter.*

13 Eduard

***Oktoberhimmel voller Sterne
haben warme Öfen gerne.***

14 Burkhard, Hildegund

*St. Burkhardi Sonnenschein
schüttet Zucker in den Wein.*

15
Teresia

Zu Teres beginnt die Weinles'.

16
Gallus, Hedwig, Margarete

Mit St. Hedwig und St. Gall
schweigt der Vögel Sang und Schall.

17
Ignatius

Hat der Has' ein dichtes Fell,
kümm're dich um Brennholz schnell.

18
Lukas

Ist St. Lukas mild und warm,
kommt ein Winter, daß Gott erbarm'.

19
Isaak, Johannes, Paul

Wenn die Bienen zeitig verkitten,
kommt bald ein harter Winter geritten.

20
Wendelin

St. Wendelin, verlaß uns nie –
schirm' unsern Stall, schütz' unser Vieh.

21
Ursula

Ursula bring's Kraut herein,
sonst schneien Simon und Juda (28.) drein.

Oktober

22
Kordula

Wirft der Maulwurf recht spät noch Haufen,
siehst du im Januar schon Mäuslein laufen.

23
Johannes, Severin

Wenn's St. Severin gefällt,
bringt er mit die erste Kält'.

24
Antonius

Oktoberregen – fürs Feld ein Segen.

25
Krispin

Mit Krispin sind alle Fliegen dahin.

26
Amandus, Gilbhart

Warmer Gilbhart bringt fürwahr
stets einen kalten Januar.

27
Wolfhard

Bevor du Simon-Judas (28.) schaust,
pflanze Bäume, schneide Kraut.

28
Alfred, Simon, Judas

Simon und Juda, die zwei,
führen oft den Schnee herbei.

29

Margarete, Narzissus

*Wenn Simon und Judas vorbei,
so rücket der Winter herbei.*

30

Bernhard, Dietger

***Wenn frostig der Oktober war,
so folgt ein milder Januar.***

31

Wolfgang

*St. Wolfgang Regen
verspricht ein Jahr voll Segen.*

Heil über den Winter

Bauernregeln und Zeichen der Natur sind, wie erwähnt, leider nicht ganz zuverlässig, was die Strenge des kommenden Winters angeht. Ob die Hasen ein dickes oder dünnes Fell anlegen – rechtzeitige Wintervorsorge empfiehlt sich in jedem Jahr.

Da sich die Pflanzen erst allmählich auf den Winter einstellen, gilt für die ersten Fröste im Herbst dasselbe wie für die Spätfröste des Frühlings: Schon bei wenigen Minusgraden können sie unangenehme Folgen zeigen. Wie erwähnt, muß man etwa ab Mitte des Monats mit Frühfrösten rechnen; in Höhenlagen allerdings schon ab Anfang Oktober, manchmal sogar schon Ende September. Steigendes Barometer, klarer Himmel und alle anderen Anzeichen eines Hochs – inklusive Vorhersage des Wetterberichts – verlangen erhöhte Aufmerksamkeit.

Die schenkt man als erstes allen Pflanzen in Töpfen und Gefäßen, indem man sie an einen geeigneten Ort im Haus bringt. Vor allem mediterrane Kübelpflanzen nehmen bereits die ersten Wintervorboten sehr übel. Später sind auch andere Gewächse in Behältern besonders gefährdet: Die Topferde friert schnell durch und kann die Wurzeln kaum so schützen, wie es der gewachsene Boden im Garten tut. Große Pflanzen und Gefäße, die sich

nicht ins Haus bewegen lassen, versieht man am besten mit einer dicken Styroporunterlage und schützt auch rundum die Topfwände mit isolierendem Material. Die Erdoberfläche wird mit einer Laubschicht oder ähnlichem versehen.

Mit dem Herbstlaub liefert uns die Natur auch einen guten Winterschutz für die im Garten überwinternden Pflanzen. Es sollte allerdings keine Anzeichen von Schädlings- oder Krankheitsbefall zeigen, wenn es für diesen Zweck verwendet wird. Bei Gehölzen und Stauden geht es zunächst einmal darum, den Wurzelbereich zu schützen. Neben Laub eignen sich dafür auch Rindenmulch und Kompost. Eine Lage aus Fichten- oder Tannenreisig kann solche Abdeckungen ergänzen. All diese Materialien sollten jedoch weder zu hoch noch zu dicht gepackt werden.

Oberirdische Pflanzenteile, ob von Gehölzen, von Stauden, die über Winter nicht einziehen, oder überwinternden Gemüsen, lassen sich am besten mit Materialien wie Jute oder Sackleinen schützen. Dies durch Auflegen oder Umhüllen – ganz nach Bedarf und Pflanze. Allerdings sind solche Maßnahmen in den meisten Fällen nur bei strengen Frösten nötig. Heimische oder gut angepaßte Gehölze können Temperaturen bis –20° C recht problemlos verkraften. Mit empfindlicheren Arten sollte man in rauhen Lagen nicht allzu viele Experimente wagen, die üblichen Schutzmaßnahmen reichen hier in strengen Wintern nicht. Das gilt beim Obst vor allem für Pfirsich, Aprikose und die meisten Kiwisorten. Unter den Ziergehölzen gibt es eine ganze Reihe nicht zuverlässig winterharter Arten, z. B. Rhododendren. Man sollte sich deshalb vor Kauf und Pflanzung genau informieren. Besonderen Schutz durch Anhäufeln verlangen die Rosen, weil ihre Veredlungsstelle über der Erde liegt.

Im Herbst werden die Rosen angehäufelt und mit Reisig abgedeckt. Auf das Einkürzen sollte man in rauhen Lagen verzichten.

November

November *Nebelmond, Nebelung*

November tritt oft hart herein, doch muß nicht viel dahinter sein, kommentiert eine Bauernregel den Monatsbeginn. Tatsächlich stellen sich Ende Oktober, Anfang November zuweilen ein paar besonders kalte Tage ein. Doch im Laufe des Monats kommt es bei West- und Südwestlagen immer wieder zum Einströmen feuchter Meeresluft. Das Meer hat sich längst noch nicht so stark abgekühlt wie der Kontinent, so bringen diese Luftmassen nun Wärme, doch oft auch Wetterstörungen und Niederschläge.

Am regelmäßigsten tritt solches Wetter um den 27. und 28. 11. auf. Es handelt sich zugleich um die erste Tauwetterperiode, die vorwiegend Norddeutschland ereilt. Nur noch schwach ist eine ähnliche Singularität um den 11. 11. ausgeprägt. In alten Zeiten sprach man vom „St.-Martins-Sommer“: *Bringt Allerheiligen einen Winter, so bringt Martini einen Sommer.* Möglicherweise war dies auch der ursprüngliche Altweibersommer, den wir heute im September ansiedeln (vgl. S. 124). Anders als im Sommer gehen Hochdrucklagen nun nicht mehr mit warmem Wetter einher. Statt dessen bewirken sie winterliche Kälte. Selbst wer in klimabegünstigten Regionen gärtnert, muß sich spätestens jetzt auf Nachtfröste einstellen. Die kalte, schneller mit Wasserdampf gesättigte Luft verursacht den häufigen Nebel, auf den die alten deutschen Monatsnamen hinweisen.

Interessant ist eine von Meteorologen erstellte „Lostagsregel“ zum Zeitraum zwischen dem 21. und 25. 11.: Bei sehr milder Witterung an diesen Tagen wird es mit großer Wahrscheinlichkeit auch in den folgenden zwei Wochen nicht besonders kalt; außerdem bleibt es dann in drei von vier Fällen zwischen Weihnachten und Neujahr mild. So ganz neu ist diese Erkenntnis jedoch nicht: *Schafft Katharina (25. 11.) vor Frost sich Schutz, so watet man lange draußen im Schmutz,* reimten unsere wetterkundigen Vorfahren. Ähnliches besagt der Merkspruch: *Ist Martini (11. 11.) trüb und feucht, wird gewiß der Winter leicht.* Verschiebt man den wahrscheinlich vor der Kalenderreform entstandenen Merkreim um zehn Tage auf den 21., paßt er sehr gut zur erwähnten Meteorologen-Regel.

„Kehrt Martin ein, ist jeder Most schon Wein.“

1

Allerheiligen

Bricht vor Allerheiligen der Winter ein,
so herrscht um Martini (11.)
Sonnenschein.

2

Willibold

Friert im November zeitig das Wasser,
wird's im Winter um so nasser.

3

Hubert, Martin, Pirmin

Sitzt November fest im Laub,
wird der Winter hart, das glaub'.

4

Karl

Wenn's an Karolus stürmt und schneit,
lege deinen Pelz bereit.

5

Emmerich

Kommen des Nordens Vögel an,
zeigt es starke Kälte an.

6

Leonhard

Novemberneumond mit Wind
ist zu Regen und Schnee gesinnt.

7

Engelbert

Wenn im November die Wasser steigen,
wird sich im Frühjahr viel Regen zeigen.

November

8 Gregor

*Novemberschnee tut den Saaten wohl,
nicht weh.*

---

9 Roland

***Ziehen die wilden Gänse weg,
fällt auch der Altweibersommer
in den Dreck.***

---

10 Leo

*Ist um Martin (11.) der Baum schon kahl,
macht der Winter keine Qual.*

---

11 Martin

St. Martins Sommer währt nicht lang.

---

12 Kunibert

*Nach Martinitag (11.) viel Nebel sind,
so wird der Winter meist gelind.*

---

13 Stanislaus

*Nach St. Martin (11.)
scherzt der Winter nimmer.*

---

14 Alberich

*Bringt der November Morgenrot,
der Aussaat viel Regen droht.*

15

Albert, Leopold

Der heilige Leopold
ist dem Altweibersommer hold.

16

Margareta

Wenn der Donner im November rollt,
ist das kommende Jahr den Früchten
hold.

17

Florin, Gertrud

Tummeln sich an Gertrud
noch Haselmäuse,
ist es noch weit mit des Winters Eise.

18

Gerun, Odo

Ist der November kalt und klar,
wird trüb und mild der Januar.

19

Elisabeth

St. Elisabeth sagt's an,
was der Winter für ein Mann.

20

Bernward, Edmund

Viel Regen im November,
viel Wind im Dezember.

21

Mariä Opferung

Mariä Opferung klar und hell,
macht den Winter streng ohne Fehl.

November

22 Cäcilia

Novemberwind
scheut Schaf und Rind.

23 Detlev, Klemens

St. Klemens uns den Winter bringt.

24 Flora, Johannes

Novemberwasser auf den Wiesen,
dann wird das Gras im Lenz gepriesen.

25 Katharina

Wie das Wetter um Kathrein,
wird auch der nächste Hornung
(Februar) sein.

26 Konrad, Gebhard

Noch niemals stand
ein Mühlenrad an Konrad,
weil er Wasser hat.

27 Otto, Vigilius

Friert es auf Vigilius,
im Märzen Kälte kommen muß.

28 Berta, Gunther

Kalter November und fruchtreif' Jahr
sind vereinigt immerdar.

29 Friedrich, Jutta

Der Mai kommt gezogen
wie der November verflogen.

30 Andreas

Andreasschnee
bleibt gar 100 Tag' liegen.

Warm unter Glas

Erntevorräte einräumen und verarbeiten, Gerätschaften pflegen und in Ordnung bringen – mit solchen Arbeiten setzte für unsere bäuerlichen Vorfahren der Winter ein. Freilich mußte man sich um Brennholz und ums Vieh kümmern, die Arbeit ging – wie auch heute noch in der Landwirtschaft – nie aus. Doch die Saison war vorbei, an Säen und Pflanzen erst wieder im nächsten Frühjahr zu denken.

Heute bedienen wir uns mit dem Gewächshaus eines einfachen „Tricks", um die Anbausaison zu verlängern bzw. gleich wieder mit der nächsten zu beginnen. Das ermöglicht der sogenannte Glas- oder Treibhauseffekt: Die einfallende kurzwellige Sonnenstrahlung „verwandelt" sich im Gewächshaus in langwellige Wärmestrahlen. Diese werden dann von der Abdeckung aus Glas oder speziellen Kunststoffen kaum noch durchgelassen und sorgen für die Erwärmung im Haus. Dabei sind es Pflanzen und Boden, die die Energie der kurzwelligen Strahlen aufnehmen und als langwellige wieder abgeben. Die Gewächshausabdeckung ist natürlich keine perfekte Isolierung; durch Wärmeleitung z. B. geht die Energie auch schnell wieder verloren, wenn die Außenluft kälter ist.

Deshalb geht es meist nicht ohne Heizung, wenn man das Gewächshaus den ganzen Winter über nutzen will. Wertvolle Dienste leistet aber auch ein Griff in Großvaters Trickkiste: Eine Mistpackung – ersatzweise angefeuchtetes Laub oder Stroh – wirkt durch die Verrottungswärme wie eine Fußbodenheizung für Pflanzen. Die Schicht, etwa 30 cm dick, muß allerdings frühzeitig eingebracht und nach spürbarer

November

Erwärmung mindestens 20 cm hoch mit Kulturerde überdeckt werden. Da es in der dunklen Jahreszeit auf jeden Lichtstrahl ankommt, schadet es im übrigen nichts, die Scheiben vor Beginn der Gewächshaussaison gründlich zu reinigen. Wenn alle Voraussetzungen stimmen, kann man jetzt schon mit der Aussaat von Kopfsalat, Radieschen und Rettich beginnen. Bei der Düngung ist Vorsicht angesagt. Die Pflanzen brauchen Licht, um das Stickstoffsalz Nitrat in Eiweiß umzuwandeln. In der dunklen Jahreszeit läuft man deshalb leicht Gefahr, nitratbelastetes Gewächshausgemüse zu ernten.
Im Gewächshaus herrscht ein ganz spezielles Kleinklima, das so seine Tücken hat. Sinken im Winter nachts die Temperaturen ab, ist die dann kühle Luft schnell wassergesättigt. Als Folge kondensiert Wasser und fördert auf den Blättern die Ausbreitung von Pilzkrankheiten. Neben einer Gewächshausheizung kann in solchen Fällen Luftbewegung, z. B. durch Ventilatoren, Abhilfe schaffen. Im Sommer dagegen fördern die hohen Temperaturen vor allem bei Lufttrockenheit typische Gewächshausschädlinge wie Rote Spinne und Weiße Fliege. Eine relative Luftfeuchte von mindestens 60 % kann vorbeugen und ist auch für das Pflanzenwachstum günstig.
Der Treibhauseffekt hat leider auch beim „großen Klima“ traurige Berühmtheit erlangt. Die Schadstoffe in der Lufthülle der Erde wirken ähnlich wie das Gewächshausglas und führen so zur Erwärmung der Atmosphäre.

Saubere Gewächshausscheiben sorgen für besseren Lichtgenuß der Pflanzen.

Dezember *Wintermond, Julmond*

Ein Kaltlufteinbruch in den ersten Tagen, ein Tauwetter zu Nikolaus, ein frostiger „Frühwinter" vom 17. bis 21. 12. und pünktlich zu Weihnachten die nächste Tauwetterphase – so sieht der typische Dezember aus, falls alle Singularitäten in einem Jahr eintreffen. Dabei macht sich der erste Wärmerückfall vor allem im Norden und Westen bemerkbar. Beim zweiten, dem Weihnachtstauwetter, spielen verstärkt Strömungen aus Südwest eine Rolle; so wird dann häufig auch in Süddeutschland die Hoffnung auf eine weiße Weihnacht enttäuscht. Nach manchem Merkspruch müßten statt dessen weiße Ostern die Regel sein; doch diese alte „Wetterweisheit" läßt sich wohl kaum bestätigen: *Weihnacht im Klee – Ostern im Schnee.*

Der Dezember ist nicht unbedingt der schneereichste Wintermonat, wohl aber der feuchteste. Neben reichlich Niederschlägen bedeutet das auch ein häufiges Auftreten von Nebel – in dieser Beziehung liegt der Dezember an der Spitze. Was Kälte angeht, belegt er unter den Wintermonaten jedoch den dritten und letzten Platz.

Dezember warm, daß Gott erbarm' oder *Christtag feucht und naß, gibt leere Speicher und Faß:* Viele Bauernregeln hadern mit der milden Monatswitterung, aus denselben Gründen, wie sie beim Januar genannt wurden. Die besondere Anfälligkeit für Erkrankungen bei winterlichem Schmuddelwetter ist uns heute noch leidvoll vertraut: *Christmond im Dreck macht der Gesundheit ein Leck.*

Vom letzten Monat des Jahres erhoffte man sich natürlich auch Anzeichen für das Wetter der nächsten Vegetations- und Arbeitsperiode. Die Rauhnachtvorhersage gemäß den zwölf Nächten nach dem Christfest wurde bereits auf S. 12 erwähnt. Als wesentlich zuverlässiger erweist sich jedoch die Regel: *So kalt im Dezember, so heiß im kommenden Juni.* Auch ein Zusammenhang mit der Märzwitterung läßt sich heute noch nachvollziehen: *Wie der Dezember, so der Lenz.*

„Schneide Zweige zu Barbara (4. 12.), die Blüten sind bis Weihnacht da."

1 Blanka, Eligius, Natalie

Fällt zu Eligius ein kalter Wintertag, die Kälte wohl vier Monde dauern mag.

2 Bibiana, Luzius

Regnet's am Bibianatag, regnet's 40 Tage und eine Woch' danach.

3 Emma, Franz Xaver, Gerlind

Fängt der Dezember früh an zu toben, wird man ihn im Januar loben.

4 Barbara, Johannes

Barbara im weißen Kleid verkündet gute Sommerzeit.

5 Anno, Reinhard

Rauhfrost auf der Flur, milder Witterung Spur.

6 Nikolaus

Sankt Nikolaus spült die Ufer aus.

7 Ambrosius

Dezember veränderlich und lind, ist der ganze Winter ein Kind.

Dezember

8
Elfriede, Sabina

Herrscht Advent schon Kält',
sie 18 Woch' anhält.

9
Eucharius

Wölfe fressen keinen Winter,
Dezemberwärme hat Eis dahinter.

10
Petrus

Auf kalten Dezember mit tücht'gem
Schnee folgt ein fruchtbar Jahr mit viel Klee.

11
Damasus

Wenn's im Dezember viel blitzt und kracht,
im kommenden Jahr der Schnitter lacht.

12
Johanna

Geht der Dezember auf,
so gibt's wetterwendischen Lauf.

13
Luzia

Kommt die heilige Luzia,
findet sie schon Kälte da.

14
Franziska, Johannes

Dezember mild mit Regen,
ist für die Saat kein Segen.

15

Christina, Wunibald

Wie der Dezember pfeift,
so tanzt der Juni.

16

Adelheid, Sturmius

Donnert's ins leere Holz,
wird's schneien ins Laub.

17

Jolanda, Lazarus

Ist St. Lazar nackt und bar,
wird ein gelinder Februar.

18

Philipp

Gefriert im Dezember der Weinstock ein,
kann er härter als ein Fichtenbaum sein.

19

Konrad

Ist der Winter warm,
wird der Bauer arm.

20

Hoger

Winternebel bringt bei Ostwind Tau,
der Westwind trägt ihn aus der Au.

21

Richard, Thomas

Wenn St. Thomas dunkel war,
gibt's ein schönes neues Jahr.

Dezember

22
Jutta

Weht Dezemberwind aus Ost,
bringt er Kranken schlechten Trost.

23
Johannes, Viktoria

Nebel vor Weihnachten ist Brot,
Nebel nach Weihnachten ist Tod.

24
Heiligabend, Adam und Eva

Wie's Adam und Eva spend't,
bleibt das Wetter bis zum End.

25
Anastasia

Ist's windig an den Weihnachtstagen,
werden die Bäume viel Früchte tragen.

26
Stephanus

Windstill muß St. Stephan sein,
soll der nächste Wein gedeihn.

27
Johannes

Kalter Dezember – zeitiger Frühling.

28
Unschuldige Kinder

Haben's die unschuldigen Kindlein kalt,
so weicht der Frost noch nicht so bald.

29 Lothar

Trockener Dezember – trockenes Frühjahr.

30 Felix

Werden die Tage länger, so wird die Kälte strenger.

31 Melanie, Silvester

Wind in St. Silvesters Nacht hat nie Wein und Korn gebracht.

Der Wetterrückblick

Wenn man täglich seine Beobachtungen notiert hat, liegt sie nun vor einem: die Essenz des vergangenen Wetterjahres. Schon das Blättern im Kalendarium ergibt im Rückblick ein recht interessantes Bild; man erinnert sich vielleicht, wie schön die Rosen blühten oder wie schlecht die Tomaten gediehen und kann im nachhinein gut erkennen, welcher Witterungsverlauf solche Ergebnisse zeitigte. Die gartenfreien Monate bieten auch etwas Muße für die ein oder andere Auswertung, wenn man Spaß an derlei „Privatforschungen“ hat. Aufschlußreich sind sie allemal.

Der Vergleich mit landesweiten Durchschnittswerten, das Überprüfen von Bauernregeln und Singularitäten (vgl. S. 21) bringt eine Fülle neuer Erkenntnisse. Registriert man über längere Zeit die Abweichungen, z. B. die Niederschläge, von den Prognosen des Wetterberichts, kann man diesen viel besser nutzen. Auch das Notieren angekündigter Tiefs und Hochs macht schnell die Zusammenhänge mit dem Wetter vor der eigenen Haustür klar.
Ein sehr gutes Bild ergibt das Auftragen von Tageswerten in ein Koordinatensystem. Dafür eignen sich z. B. große Bögen Millimeterpapier. Quer

werden die Tage aufgetragen, auf der senkrechten Achse eine Temperatur- und/oder Niederschlags-(mm-)Skala. Verbindet man die Tageswerte in Form einer Kurve, erhält man einen hervorragenden Überblick über den Jahresverlauf. Ein Vergleich mit den auf S. 150/151 abgedruckten Referenzkurven (mittlere Temperaturverläufe und Niederschlagsverteilungen in ausgewählten Städten) zeigt deutlich Besonderheiten des Aufzeichnungsjahres und -ortes.

Wird neben dem Wetter- auch ein Gartentagebuch geführt, läßt sich besonders gut Nutzen aus dem Ganzen ziehen. Man kommt so leicht den Ursachen für viele Gartenprobleme auf die Spur, von mißlungenen Saaten bis zu starkem Schädlingsbefall. Andere Saat- und Pflanztermine, die Wahl robusterer Sorten, Wassereinsparung durch „zielgenaues" Gießen, das Anlegen einer Windschutzpflanzung, das Umsetzen besonders witterungsgebeutelter Gehölze – das sind nur einige von vielen Möglickeiten, die gewonnenen Erkenntnisse in die Tat umzusetzen.

Eine leibhaftige Frühlingserinnerung bzw. -vorfreude kann den Wetterrückblick im gemütlich-warmen Zimmer begleiten: Zu Barbara (4. 12.) geschnittene Zweige von Frühjahrsblühern, etwa Apfel, Kirsche oder Forsythie, entfalten um die Weihnachtszeit ihre Blüten. Man stellt sie in eine wassergefüllte Vase, die Stiele werden vorher schräg angeschnitten. Wenn die Barbarazweige bis zum Christfest blühen, sollen sie ein segensreiches Jahr verheißen.

Blühende Rosen an Weihnachten? Auch das muß noch ins Tagebuch!

Anhang

Niederschlags- und Temperaturkurven

Hamburg-Fuhlsbüttel

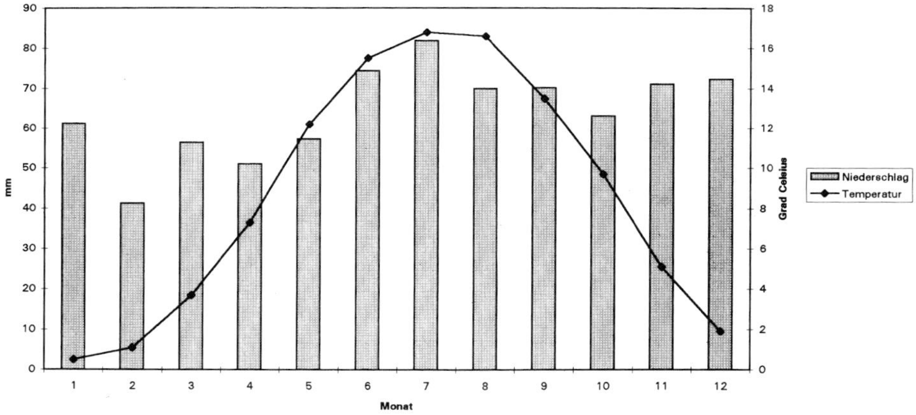

Berlin-Tempelhof

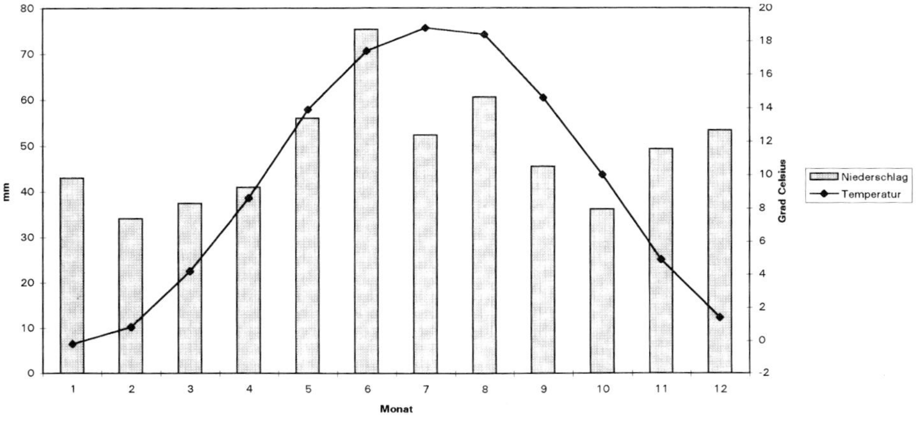

Essen

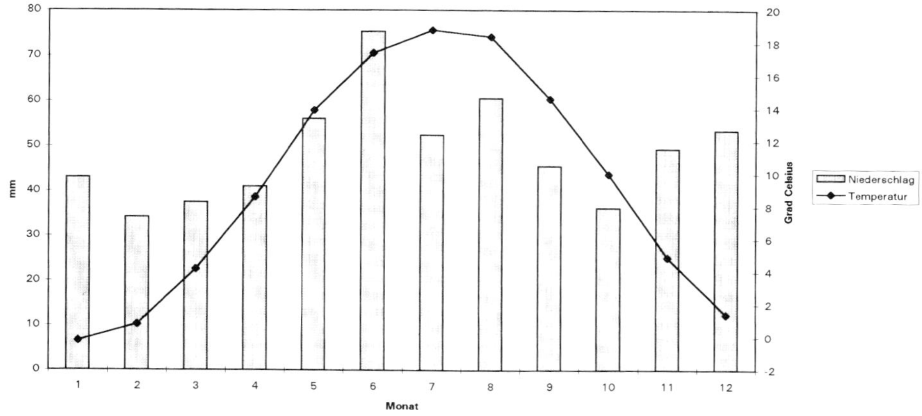

Karlsruhe

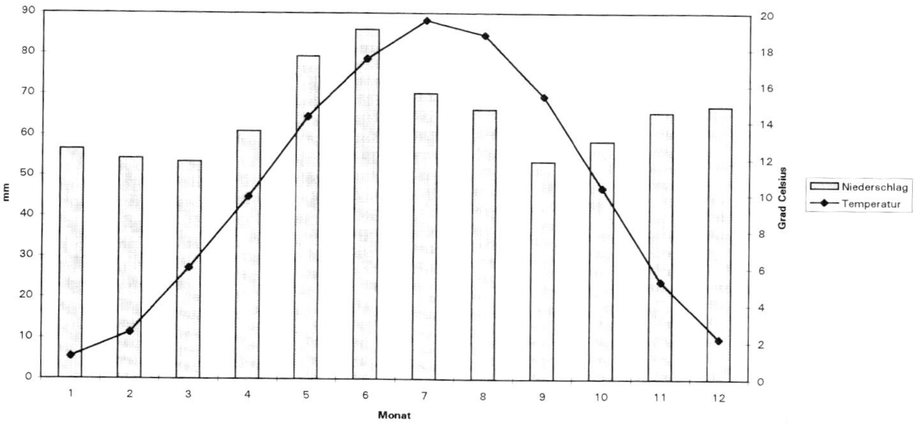

München

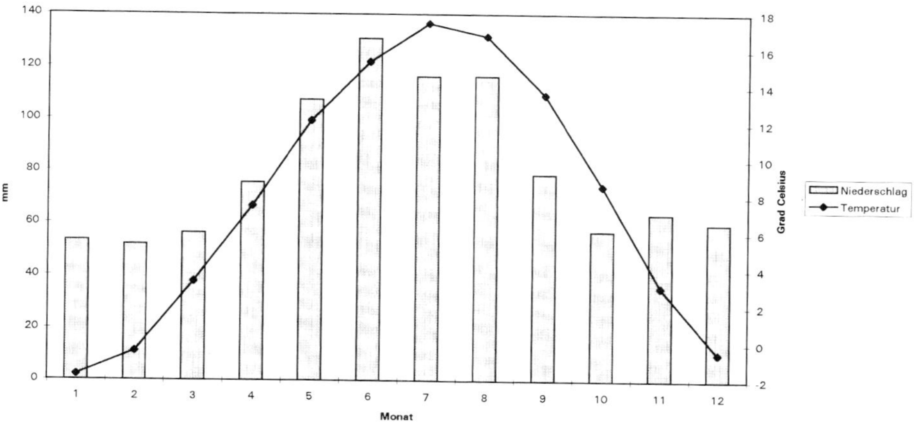

Literatur

(Auswahl verwendeter Literatur und Lesetips)

Bissolli, Peter: Eintrittswahrscheinlichkeit und statistische Charakteristika der Witterungsregelfälle in der Bundesrepublik Deutschland und West-Berlin. Dissertation im Fachbereich Geowissenschaften. Universität Frankfurt, 1991

Deutscher Wetterdienst: Anleitung für die phänologischen Beobachter des deutschen Wetterdienstes. Offenbach 1991

Eisbrenner, Rudolf (Hrsg.): Das große Buch der Bauernweisheiten. Stürtz Verlag, Würzburg 1997

„Geo Special": Wetter. Gruner & Jahr Verlag, Hamburg, Sonderheft 1. Quartal 1982

Gerhorst, Jutta; Thome, Marion; Zillmann, Erika: Bauernregeln und ihre Gültigkeit. Diplomarbeit am Fachbereich Geowissenschaften. Universität Münster, 1987

Goetz, Hans-Werner: Leben im Mittelalter. C. H. Beck Verlag, München 1986

„Kosmos"-Gartenjahr, jährliche Ausgaben. Kosmos Verlag, Stuttgart

Kostenzer, Helene und Otto: Alte Bauernregeln und Spruchweisheiten. Weltbild Verlag, Augsburg o. J.

Malberg, Horst: Bauernregeln aus meteorologischer Sicht. Springer Verlag, Berlin, Heidelberg 1993

Prenzel, Eberhard: Wetter und Wind ändern sich geschwind. Wettersprüche aus alter Zeit. Bibliographisches Institut, Leipzig 1988

Rocznik, Karl: Wetter und Klima in Deutschland. T. S. Hirzel Verlag, Stuttgart, Leipzig 1995

Schleer, Irene: Bauernregeln und Wettersprüche. Stöckl Verlag, München 1986

Sönning, Walter; Kreidel, Claus: Wolkenbilder, Wettervorhersage. BLV Verlag, München 1993

Van Eimern, Prof. Dr. Josef; Häckel, Dr. Hans: Wetter- und Klimakunde. Ulmer Verlag, Stuttgart 1984

Walch, Dieter; Neukamp, Ernst: Wolken, Wetter: Wetterentwicklungen erkennen und vorhersagen. Gräfe und Unzer Verlag, München 1990

Werner, Siegfried: Enträtselte Wettergeheimnisse aus alter und neuer Zeit. Hannemann Verlag, Nienburg 1985

Register

Die **halbfett** gedruckten Seitenzahlen kennzeichnen Abbildungen.

Impressum

Mit insgesamt 40 Farbfotos, 83 Farbillustrationen und 5 Schwarzweiß-Illustrationen.
Farbfotos von: Ursel Borstell, Essen (S. 25, 51, 52, 110); Prof. Dr. Hans Häckel, Haag (S. 11, 20, 35, 38 [2], 39, 49); Thomas Höller, Kollmarsreute (S. 29, 37, 43); Hans Reinhard, Heiligkreuzsteinach (S. 1, 2/3, 4, 5 [lks.], 6, 8/9, 10, 12, 26, 32, 45, 48, 54, 62, 70, 78, 86, 94, 102, 118, 126, 134, 142); Nils Reinhard, Heiligkreuzsteinach (S. 5 [re]); Zentralbibliothek Zürich, CH, Sign. Ms. C 54, f 33 verso (S. 14); Günter Ziesler/Tierbildarchiv Angermayer (S. 22/23).
Farbillustrationen von: Biblioteca Apostolica Vaticana, Barb. Lat. 487, f. 4v (S. 17); Biblioteca Apostolica Vaticana, Chigi C IV 109, f. 16r (S. 18); Deutscher Wetterdienst, Offenbach (S. 53); Sabine Hermann-Ikram, Münster (S. 27); Horst Lünser, Berlin (S. 46); Brigitte Zwickel-Noelle, Ditzingen (S. 30, 33). Alle anderen Farbillustrationen von Reinhild Hofmann, München.
Schwarzweiß-Illustrationen von: Deutscher Wetterdienst, Offenbach (S. 150/151)

Umschlaggestaltung von Atelier Reichert, Stuttgart unter Verwendung von drei Farbfotos von Fotoagentur Friedrich Strauß, Au (alter Mann im Vordergrund), Ursel Borstell, Essen (großes Foto im Hintergrund) und Michael Flaig, Stuttgart (kleines Foto unten rechts).

ISBN 3-440-07603-2
Lektorat: Sabine Schulz; Sabine Fels, Renningen
Herstellung: Heiderose Stetter
Printed in Germany/Imprimé en Allemagne
Satz: Steffen Hahn GmbH, Kornwestheim
Druck und buchbinderische Verarbeitung: Westermann Druck Zwickau GmbH, Zwickau

Die Deutsche Bibliothek – CIP-Einheitsaufnahme

Großvaters Wetter- und Bauernregeln /
Joachim Mayer. – Stuttgart: Kosmos, 1998
ISBN 3-440-07603-2

Alle Angaben in diesem Buch sind sorgfältig geprüft und geben den neuesten Wissensstand bei der Veröffentlichung wieder. Da sich das Wissen aber laufend in rascher Folge weiterentwickelt und vergrößert, muß jeder Anwender selbst prüfen, ob die Angaben nicht durch neuere Erkenntnisse überholt sind. Dazu muß er zum Beispiel Beipackzettel zu Dünge-, Pflanzenschutz- bzw. Pflanzenpflegemitteln lesen und genau befolgen sowie Gebrauchsanweisungen und Gesetze beachten.

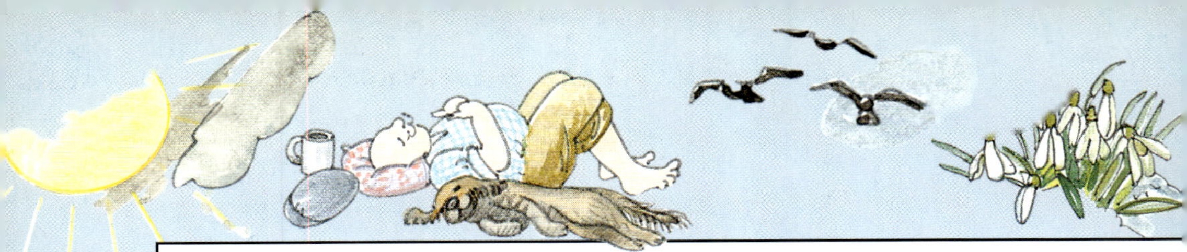

Einige Wetterkartensymbole

○	wolkenlos	
◔	1/4 bedeckt, heiter	wolkig
◑	1/2 bedeckt	wolkig
◕	3/4 bedeckt	wolkig
●	ganz bedeckt	
⚋	flacher Bodennebel	
≡	Nebel (Sicht unter 1 km)	

Symbol	Bedeutung	Symbol	Bedeutung
•	Regen	•✳	Schneeregen
,	Niesel (Sprühregen)	∾	Glatteis
▽	Schauer	▾	Rauhreif
△	Graupel	∨	Reif
▲	Hagel	◓	Tau
⌈↘	Gewitter	◎	windstill
✳	Schnee	○/	Windrichtung (hier Nordost)